NOTICE
BIOGRAPHIQUE ET NÉCROLOGIQUE
du Prince Royal
DUC D'ORLÉANS,

PRÉCÉDÉE DE LA

RELATION SCRUPULEUSEMENT EXACTE DE LA CATASTROPHE DE SABLONVILLE,

Puisée aux Sources les plus authentiques.

> Quel malheur pour notre famille !...
> Mais quel affreux malheur aussi pour la France !!!
> MARIE-AMÉLIE.

PRIX : 1 Franc.

A PARIS,
Chez A. APPERT, Imprimeur,

ÉDITEUR DE LA BIOGRAPHIE DU CLERGÉ CONTEMPORAIN,

54, *Passage du Caire.*

Et chez tous les Libraires de Paris et des Départements.

1842.

SOMMAIRE DES MATIÈRES.

Biographie.

Naissance du Prince royal en exil. — Son retour en France. — Son éducation. — Ses voyages. — Révolution de 1830. — D'Orléans, Reischtadt et Bordeaux. — Mariage du Prince royal. — Sa vie militaire (Campagnes de Belgique et d'Afrique). — Ses qualités morales et gouvernementales. — Sa mort. — Question de régence.

Nécrologie.

Considérations sur l'évènement du 13 juillet et ses conséquences politiques. — Détails intimes et *inédits* sur les derniers moments du Prince. — Relation exacte de toutes les circonstances qui se rattachent à cette déplorabble catastrophe.

NOTICE

BIOGRAPHIQUE ET NÉCROLOGIQUE

du Prince Royal

DUC D'ORLÉANS,

PRÉCÉDÉE DE LA

RELATION SCRUPULEUSEMENT EXACTE DE LA CATASTROPHE

DE SABLONVILLE,

Puisée aux Sources les plus authentiques.

Quel malheur pour notre famille !...
Mais quel affreux malheur aussi pour la France !!!
MARIE AMÉLIE.

A PARIS,
CHEZ A. APPERT, IMPRIMEUR,
ÉDITEUR DE LA BIOGRAPHIE DU CLERGÉ CONTEMPORAIN,
54, *Passage du Caire.*
Et chez tous les Libraires de Paris et des Départements.

1842.

NOTICE

BIOGRAPHIQUE ET NÉCROLOGIQUE

DU PRINCE ROYAL

> La Reine vit que tout était consommé, alors la mère fit place à la chrétienne, et, joignant les mains, elle dit au prêtre d'une voix déchirante: « Par pitié, priez encore pour mon fils!... Dites-moi qu'il est au ciel!... »

Quel fatal évènement a marqué la journée du 13 juillet!

Il y a eu trépas de roi! Une effroyable catastrophe a épouvanté Neuilly.

L'écho de Sablonville a fait entendre, du chemin de la Révolte jusqu'aux Tuileries et des Tuileries dans chaque rue, dans chaque maison de la grande cité, ce mot lamentable : calamité publique!

Oui, c'est une calamité aussi terrible qu'imprévue, un de ces évènements inattendus qui déconcertent toutes les prévisions humaines et qui amènent forcément sur les lèvres le terrible *Dieu seul est grand* de l'orateur catholique.

Je ne veux point donner cours aux réflexions dou

loureuses que doit faire naître ce déplorable évènement, les faits parleront assez haut, et je vais les retracer dans toute leur exactitude.

Vers les onze heures et demie, le duc d'Orléans devant partir pour St-Omer, allait prendre congé du Roi et de la famille royale; les chevaux de sa voiture se sont emportés; le Prince est tombé. Grièvement blessé dans sa chute il a vainement reçu tous les secours de l'art, mais non pas tous les secours de la religion, pour le pieux souvenir de son inconsolable mère.

Quatre heures après il n'était plus.

Pour la famille royale, c'est une douleur que le temps n'effacera point, que nulle parole ne saurait exprimer. La princesse Marie était l'ornement de cette famille, le Prince royal en était l'orgueil; tous deux sont morts prématurément, laissant un deuil profond dans le cœur du Roi et dans celui de leur mère. Il n'y a de comparable à cette infortune que celle de la duchesse d'Orléans. Prête à toutes les épreuves, hors celle-là peut-être, elle aura besoin pour la supporter, de toute la force d'âme dont elle est douée et que doit encore accroître le sentiment des devoirs qui lui restent à remplir.

Les réflexions naissent en foule en présence d'une fin si lamentable. Quelle mort pour une vie qui semblait se promettre de si hautes destinées!

Aujourd'hui ne songeons qu'à cette famille infortunée sur laquelle la mort est suspendue depuis 12 ans. A chaque instant le fil qui retient l'épée des meurtriers se rompt: la France jette un cri d'effroi : le roi est mort! Non, le glaive est tombé à une ligne de sa tête. Le Roi et ses fils sont sauvés! Mais, aux douleurs de l'angoisse, l'impénétrable providence veut ajouter la douleur écrasante du malheur accompli. Une jeune femme la première est frappée dans cette florissante famille; le fils aîné de cette race meurt aussi, et l'on regarde avec effroi ce vide immense qui s'est fait autour du trône.

Le Roi a soutenu ce coup affreux avec sa grandeur d'âme accoutumée, nous assure-t-on. Oui, mais nous savons ce que sont ces douleurs impassibles et royales.

Les penseurs du temps faisaient remarquer avec affectation la différence du destin fait *au fils de France* et de celui *réservé très prochainement au fils du Roi des Français.*

Ferdinand-Philippe d'Orléans est mort, nous écrierons-nous! Une révolution avait donné à son père une couronne d'épines, elle s'appelait la couronne de France; ramassée entre deux pavés, les révolutionnaires ont voulu plusieurs fois la faire rouler dans la boue, entre les barricades de juin et d'avril. Vains efforts! le sceptre que la nation avait donné, qu'ils croyaient pouvoir enlever avec la même facilité, ce sceptre est resté debout : Un jeune prince était appelé à le porter; plein de sève, de vigueur, il avait uni sa destinée à la femme la plus digne de régner avec lui : deux enfants chéris étaient le fruit de cette royale union.

Le caprice de chevaux rebelles a été plus fatal que le fer des régicides. Le dauphin de juillet est tombé pour ne se réveiller que devant Dieu, son juge et le nôtre.

Il est des évènements qui confondent le puissant et le superbe, celui-là même pour qui la Providence suprême est voilée. Ces faits insolites qui remuent le monde moral, forcent l'esprit le plus hostile envers les croyances d'en haut, à s'humilier et à reconnaître qu'il n'est point de supériorité que ne nivèle celui qui prononce sur le sort du pasteur et du troupeau.

Mais il est temps d'aborder le récit de ce fatal évènement et de ses effets sur la capitale et les provinces.

Nous allons faire justice des inexactitudes des premières relations et rétablir les faits dans leur entière vérité.

M. le duc d'Orléans devait partir le 13 après midi pour St-Omer, où des fêtes, auxquelles il avait promis d'assister, étaient annoncées pour le 17 de ce mois. Sa voiture de départ et un fourgon de bagages étaient déjà préparés dans la cour du château. Ses hommes de suite étaient prêts, des relais commandés sur la route.

Depuis son retour de Plombières, où il était allé conduire la princesse Hélène, peu de jours auparavant, M. le duc d'Orléans couchait aux Tuileries.

Après son déjeûné, vers les onze heures, le prince monta dans une espèce de briska couvert, à quatre roues, sans portière ni siège, (ayant tablier et forme d'un cabriolet dit *Mylord*), attelé à la Daumont de deux petits chevaux hanovriens, et mené par son jockey d'habitude, l'un des meilleurs de Paris.

C'était là d'ordinaire le train de S. A. R., équipage, chevaux, cocher, pour ses tournées journalières aux environs de la capitale.

Le plus souvent, le prince était accompagné d'un aide-de-camp ou d'un officier d'ordonnance; ce jour-là, par malheur, il était seul dans sa voiture derrière laquelle se trouvait un valet-de-pied.

Le duc d'Orléans, qui venait de passer une revue, était en costume de lieutenant-général; il se rendait à Neuilly pour faire ses adieux à son père et à toute sa famille, ne sachant pas que le Roi dût lui-même venir aux Tuileries, vers midi, pour présider le conseil des ministres.

Ses chevaux se sont emportés vis-à-vis l'entrée du Bois-de-Boulogne, au lieu dit *des Quatre-Chemins*.

En cet endroit, la chaussée qui prend de l'Arc-de-l'Étoile a trois issues : en face la *continuation*; à droite et perpendiculairement à cette chaussée vis-à-vis la porte Maillot, l'*avenue de la Révolte :* entre les deux, *un chemin plus étroit* qui conduit directement, à travers le village de Sablonville, au château de Neuilly, et que la voiture devait prendre ce jour-là contre coutume.

Le postillon laissa courir pour diriger au moins l'attelage qu'il ne pouvait dominer. Au lieu de prendre le chemin du château, les chevaux tournant à angle droit, prirent le mors aux dents à côté de la direction de Sablonville et brûlèrent carrière avec une vitesse effroyable dans l'avenue de la Révolte.

Déjà, à la hauteur du tournant du Rond-Point, le prince, jugeant que le postillon se laissait gagner la main par l'attelage, s'était levé pour lui donner quelques conseils. Celui-ci se retourna et le vit s'occuper d'avance d'abaisser la capote du briska. *Ne craignez rien, Monseigneur*, lui dit-il, *je suis encore maître de mes chevaux*. Et le prince s'était rassis en lui ordonnant d'arrêter.

C'est à tort qu'on a fait diverses suppositions sur le départ au galop des chevaux. Ce n'est point une mouche qui les a piqués, ce n'est point le soubresaut d'un cahot ou d'une ornière qui les a excités; moins encore le tambour de la voiture (il n'en existait pas), ou l'oscillation du brancard qui les aurait effarouchés.

Nulle détérioration n'était à la voiture, qui n'avait pas souffert et que l'on visitait avec un soin extrême à chaque départ.

Ni le porteur, ni le cheval sous la main ne se sont tourmentés par aucune cause fortuite; ils n'ont point rué dans le palonnier pour être attachés trop court. La cause de l'accident doit être uniquement attribuée à la mise en haleine de l'attelage qui avait parcouru grand train l'espace depuis son départ des Tuileries, et à l'impatience qu'éprouvent d'ordinaire et toujours en temps chaud les chevaux à l'approche de l'écurie. C'est en ce moment-là qu'on a voulu les tourner vers le chemin de Sablonville, au lieu de l'avenue du parc qu'ils prenaient habituellement pour arriver à la résidence du duc et de la duchesse d'Orléans à Villiers. Ajoutez à cela l'extrême légèreté du briska, légèreté telle que le premier piqueur en frémissait et n'y attelait jamais que les plus vieux chevaux des écuries : ceux-ci âgés de dix ans lui servaient depuis dix-huit mois.

On ne saurait non plus en attribuer la faute au postillon habile qui fit tout ce qu'on pouvait attendre de son sang-froid.

Ce fut en ce moment qu'il dut employer toutes ses forces pour contenir l'attelage. *Vos chevaux s'emportent!* cria le duc d'Orléans; et comme le jockey se consumait en efforts inutiles pour les retenir, le Prince royal renouvela deux fois cet avis en se penchant hors de la voiture.

Cependant le danger devenait de plus en plus imminent, et les chevaux lancés à toute volée menaçaient de précipiter l'équipage dans le fossé qui fait face à l'extrémité du chemin de la Révolte.

Le prince commença à s'inquiéter. Quelques personnes, remarquant l'extrême rapidité des chevaux et l'embarras du conducteur, fixèrent leur attention sur la voiture, et virent alors le prince se lever debout dans la calèche, regarder avec soin en avant, et, ne reconnaissant aucune cause d'embarras, se rasseoir tranquillement. A cent cinquante pas environ plus loin, il se leva de nouveau, et remarqua alors que le valet de pied, qui devait être assis sur le siége de derrière n'y était plus ; soit que prévoyant un grand danger il fût descendu plus tôt à l'aide du marchepied ; soit qu'il eût été renversé par quelque cahot de la voiture, lancée à fond de train.

Le prince ne l'aperçut pas qui courait de tous ses jarrets en avant pour tâcher de saisir le frein de l'attelage.

Alors enfin, peut-être s'exagérant trop le danger, peut-être perdant son aplomb, le prince royal ou se décida à sauter ou fut précipité par un choc en dehors du cabriolet, mais si malheureusement, que dans sa chûte il tomba renversé à pleine poitrine sur la roue de gauche, et que sa tête alla donner de tout le poids du corps sur le pavé dont la route est ferrée.

Est-ce en se penchant pour abaisser la capote et

chercher à s'élancer qu'il aurait perdu l'équilibre ; ou bien serait-ce, comme on l'a dit encore, que l'un des éperons se fût engagé dans son manteau de voyage ou dans le tapis du devant de la voiture?

Le prince aimait beaucoup les exercices gymnastiques; il lui arrivait souvent de sauter ainsi de sa calèche.

Aurait-il pris ce parti déplorable, chose qui lui était pourtant assez familière toutes les fois qu'il se servait de ce demi-Daumont à marchepied extrêmement bas, alors surtout qu'il n'y avait aucun danger, et que l'équipage allait au trot : c'est ce qu'on ignore.

Mais que conclure de cette hypothèse? Deux choses : que le prince pût prévoir, et avec raison, que, si la course des chevaux continuait, il serait impossible de garantir la voiture d'un choc violent à l'approche des fossés et des amas de pierres qui obstruent en cet endroit le chemin de la Révolte à l'entrée du parc de Neuilly; en second lieu, que S. A. R. ne vit aucun inconvénient à sauter d'un marchepied qui était à fleur de terre, confiant qu'il était en son sang-froid, son adresse et sa légèreté éprouvée. Cette conjecture est abandonnée.

Quelle que soit la cause qui ait arrêté son élan ou faussé ses mouvements, ce qu'il y a de certain, c'est qu'il n'arriva point de ses pieds sur le sol, et qu'il n'est point retombé en avant du contrecoup, c'est du coup même que la tête aurait porté perpendiculairement sur le pavé.

La réaction de cette chute en dehors d'une voiture lancée avec la plus grande force d'impulsion fut terrible.

Le Duc resta immobile dans un état complet d'inanimation sur la pierre contre laquelle il venait de se briser le crâne, vis-à-vis le haras de lord Seymour, à deux cent cinquante pas de l'avenue du chemin de la Révolte, et à une portée de fusil à peine de la grille du parc.

Au moment où le Prince royal était tombé, il avait été remarqué et reconnu par le gendarme Gévaudan (1) qui éclairait l'avenue de la Révolte et qui accourut aider un ouvrier allemand à le relever avec M. Lohné, descendu en toute hâte d'un accéléré d'où il avait été témoin de ce triste accident.

Le malheureux Duc ne répondit rien aux cris de ses serviteurs désolés, qui le transportèrent tout près de là au n° 4 bis du chemin de la Révolte, chez un épicier de Sablonville, où il fut étendu sur un lit dressé par ce dernier dans son arrière-boutique.

Au même instant le postillon qui avait déjà arrêté ses chevaux à quelques pas, et qui avait été étonné

(1) Depuis l'évènement, les journaux ont désigné plusieurs gendarmes ou citoyens comme ayant immédiatement secouru le duc d'Orléans. A ce sujet, un journal fait une observation judicieuse, en comparant le nombre des personnes qui prétendent à l'honneur d'avoir assisté le prince dans ce fatal moment, à l'isolement presque complet dans lequel il s'est réellement trouvé.

de voir la voiture vide, venait se remettre à la disposition de son Altesse royale.

C'était un tout jeune homme, par qui le duc d'Orléans voulait toujours être conduit; assez occupé du soin de maîtriser ses chevaux, il n'avait saisi qu'une espèce de bourdonnement à ses oreilles, lorsque le Prince lui avait adressé ses dernières observations.

Depuis cet événement ce malheureux est fou, il éprouve un tremblement nerveux dans tous ses membres, et dans les écarts d'une raison égarée, il s'écrie parfois : *non, ce n'est pas moi qui ai tué le Prince !*

On s'enquit aussitôt de trouver un médecin qui pût donner à la victime les premiers secours ; et tandis que l'on courait à Paris et à Neuilly prévenir les hommes de l'art attachés au château et à sa maison, trois médecins de la commune de Neuilly étaient près du Prince, et lui donnaient du secours ; ses yeux étaient non pas ouverts mais secs et vitrés.

Appelé au premier moment, M. le docteur Duval qui dirige l'établissement orthopédique du bois de Boulogne, s'était rendu aussitôt dans la maison où se trouvait S. A. R. En arrivant, il y trouva MM. les docteurs Ley, Not et Baumy qui l'assistaient, et de concert ils pratiquèrent une saignée et posèrent des sangsues derrière les oreilles. Jusqu'à une heure, ces médecins ont porté au malade tous les secours indiqués. A une heure, M. Pasquier fils, chirurgien du Prince, est arrivé et a dirigé le traitement.

Bientôt les secours arrivèrent de tous côtés; on avait pu réunir, avec une inconcevable promptitude, plusieurs médecins et chirurgiens attachés à la famille royale, ou pris parmi les principales célébrités de Paris.

MM. Pasquier père, premier médecin du Roi, Blache, Paul Guersant et autres illustrations médicales furent vainement convoqués pour une consultation.

Quarante sangsues avaient été posées à la tête : les remèdes les plus énergiques furent employés; un grand nombre de ventouses scarifiées et sèches furent appliquées; des frictions excitantes, des synapismes furent administrés; le tout inutilement, car, malgré les efforts de la science, le prince ne put recouvrer ses sens.

Cependant le gendarme Gevaudan qui l'avait relevé s'est rendu en hâte au Palais de Neuilly, pour annoncer cette affreuse catastrophe. La Reine en a été instruite la première; et sur-le-champ, sans attendre une voiture, S. M. est accourue à pied, à travers le parc de Neuilly, vers la pauvre maison où gisait son fils. Le Roi, averti également, a suivi de très près la Reine, à pied comme elle; et presque immédiatement sont arrivées LL. AA. RR. madame Adélaïde et la princesse Clémentine.

M. le duc d'Aumale, accouru, non sans danger, de Courbevoie, et M. le duc de Montpensier, de Vincennes, n'ont pas tardé à rejoindre leurs augustes parents.

M. le duc d'Aumale, prévenu en hâte, était parti de Courbevoie pour Neuilly; mais dans ce court trajet il faillit être aussi victime d'un accident de même nature : le cheval de son cabriolet s'emporta, et sans la présence d'esprit d'un domestique qui, placé derrière, put descendre et s'élancer à la tête du cheval, peut-être eût-il été lui-même blessé grièvement.

Au moment où la Reine est arrivée, de grosses larmes se sont échappées des yeux de M. le duc d'Orléans, qui est néanmoins resté sans voix. L'arrivée du Roi, des princesses et des princes a paru augmenter ces larmes, mais sans rendre la parole au prince, malgré les cris et les caresses désespérées de son auguste famille.

Le docteur Pasquier, après avoir examiné l'état du blessé, avait déclaré que sa situation était des plus graves. On craignait un épanchement au cerveau; et tous les symptômes se réunissaient malheureusement pour donner crédit à cette appréhension redoutable. Car on reconnut bientôt que la congestion cérébrale était déjà déclarée : le crâne était fracassé tout en entier, on ne le sut que plus tard.

M. le baron Fain partit immédiatement, par ordre du roi, pour annoncer aux ministres réunis aux Tuileries l'événement qui avait retardé l'arrivée de S. M. Les ministres se transportèrent aussitôt auprès du Roi à Sablonville, dans la maison où S. A. R. se mourait. M. le maréchal duc de Dalmatie, président du conseil, M. le maréchal Gérard, MM. les ministres de la justice, des affaires étrangères, de l'intérieur, de la marine, des finances et de l'intruction publique étaient présents. M. le chancelier de France, M. le préfet de police, M. le lieutenant-général Pajol, MM. les généraux Dariule et Aupick, les officiers de la maison du Roi et des Princes étaient accourus et avaient été introduits dans l'espace laissé libre près de la maison et entouré d'un cordon de sentinelles.

A leur arrivée, l'état du Prince se trouvait tel qu'un bulletin satisfaisant pût être expédié à la Bourse.

Vers une heure et demie, bien que l'état du Prince royal n'eût pas cessé un moment d'être alarmant, on put concevoir quelque espérance. Les saignées avaient provoqué plusieurs fois des vomissements, la position du Prince parut s'améliorer, le pouls avait repris de la force, et était devenu sensible. Un moment la respiration sembla plus libre, et comme les cœurs désolés se rattachent aux moindres espérances, on se reprit à espérer. Un instant de calme interrompit cette longue scène d'affliction.

On fit garder la porte pour qu'il pût respirer un peu d'air.

Quelques mots, confusément prononcés en langue allemande, avaient seuls pu inspirer un espoir presqu'aussitôt évanoui que conçu : c'étaient les dernières paroles du prince.

A chaque minute, le mal semblait empirer. Le Prince n'avait pas repris connaissance, ni donné signe de vie depuis l'instant de sa chûte. La Reine resta agenouillée auprès du lit de son fils; une foule de personnages s'étaient assemblés devant la porte, consternés, partageant toutes les angoisses de cette alternative de désolation et d'espérance.

A deux heures, le Roi donna ordre de faire prévenir madame la duchesse de Nemours, qui était restée à Neuilly d'après le désir de S. M. La Princesse arriva quelques instants après, accompagnée de ses dames, et bientôt tous les membres de la famille se trouvèrent réunis.

On ne peut se faire une idée de la scène attendrissante à laquelle cette triste rencontre donna lieu; aucune plume ne peut rendre l'aspect déchirant que présentait la chambre dans laquelle le Prince royal avait été déposé, au moment où la duchesse de Nemours était venue confondre ses larmes avec celles de sa famille. La Reine et les Princesses étaient agenouillées auprès du lit du Prince mourant, versant sur cette tête si chère des flots de larmes et de prières ; les Princes sanglottaient. Le Roi, appuyé contre le mur, debout, immobile, les yeux fixés sur le visage décoloré de son fils, suivait les progrès du mal dans un silence douloureux. Au dehors, la foule augmentait à chaque minute, éperdue et consternée.

La Reine avait demandé un prêtre, et M. le curé de Neuilly, ainsi que son clergé, prévenus par ordre du Roi, s'étaient empressés d'accourir en toute hâte à Sablonville, avec M. l'abbé Coquereau.

Le digne pasteur essaya de parler au Prince, qui paraissait tout voir et tout comprendre, mais qui n'a jamais répondu. Ses souffrances ont semblé extrêmes en ce moment où le vénérable curé se préparait à lui donner l'extrême-onction.

Bien que le Prince n'eût pas recouvré la parole, il parut sensible à plusieurs qu'il comprenait, quand le prêtre lui parlait au nom de Dieu ; en pouvait-il être autrement ! le duc d'Orléans pouvait-il ne pas recevoir des grâces suprêmes, lorsque sa pieuse mère et ses sœurs s'abîmaient au pied de son lit dans une prière si fervente, demandant, par-dessus tout, une mort chrétienne pour celui qu'elles allaient perdre !

Cependant, sous l'influence d'une médication énergique, l'agonie du Prince se prolongeait. La vie se retirait, mais lentement, et non sans lutter contre la destruction qui allait emporter tant de jeunesse.

Alors la pauvre chambre où se trouvait M. le duc d'Orléans présenta un spectacle déchirant et sublime. Le Roi, la Reine, les Princes et les Princesses étaient à genoux, par terre, autour du moribond, poussant des sanglots, et le prêtre lui administrait le dernier sacrement et recommandait son âme à Dieu.

D'un côté du corps, était la reine, baignée de larmes, à genoux sur les carreaux d'une boutique; de l'autre côté, le roi, ému, mais non troublé, dans l'attitude calme et résignée du chrétien, pour qui toute douleur nouvelle est un degré de plus qui l'élève à la hauteur des cieux.

La famille royale assista seule à cette triste cérémonie, pendant laquelle les ministres et toutes les personnes que la nouvelle de ce funeste évènement avait attirées se tenaient sur la chaussée, en face de la maison où le Prince rendait le dernier soupir.

La Reine vit que tout était consommé; alors la mère fit place à la chrétienne, et, joignant les mains, elle dit au prêtre d'une voix déchirante: « Par pitié, priez encore pour mon fils !.. Dites-moi qu'il est au ciel !.. »

Le vénérable pasteur ne répondit que par ses larmes.

Tous les soins de l'art avaient été prodigués, mais hélas! en vain.

Il fallut renoncer à tout espoir de sauver ce fils bien aimé.

L'accident était arrivé à midi moins un quart; et l'agonie du Prince, entouré de sa famille, a duré jusqu'à trois heures et demie.

O vous, qui, depuis dix ans, poursuivez le Roi et sa famille d'outrages et de coups de fusil, il vous a manqué, pour être pleinement satisfaits, d'assister à cette épouvantable scène, qui a duré trois heures, et de voir le Roi de France, la Reine, deux Princesses et deux Princes prosternés sur la terre d'un cabaret, autour de l'héritier présomptif du trône, qui mourait à trente ans! Si vous aviez vu le Roi, pendant ces trois heures, vous n'auriez pas regretté de l'avoir laissé vivre!

On peut juger de la douleur, de l'accablement de ce roi, mais nous n'essaierons pas de peindre les déchirements du cœur de la Reine durant la catastrophe si imprévue qui lui enlevait son fils aîné. La douleur de cette mère au désespoir s'exprimait par des larmes et des sanglots. Les spectateurs étaient profondément consternés.

A trois heures le Prince royal était en proie à tous les symptômes les moins équivoques d'une fin prochaine.

C'est dans les bras de M. Lohné qu'il expirait, car M. Lohné ne l'a pas quitté un seul moment, il tenait les mains et la tête de l'illustre moribond lorsqu'on lui posait les sangsues, et c'est à lui que le Prince a adressé les quelques mots allemands qu'il a prononcés. Les voici, tels que M. Lohné, qui entend parfaitement la langue, nous les a traduits : *Fermez la porte, éteignez le feu et laissez-moi.*

« Il croit sans doute parler à son valet qui est
« allemand, répondit S. M. à M. Lhoné, demandez-
« lui quelle porte il veut qu'on ferme. »

Conformément à cet ordre du Roi, M. Lohné ayant adressé cette question au Prince, S. A. R. ne répondit rien.

«Rien ne peut peindre, disait M. Lohné, les scènes déchirantes dont j'ai été témoin hier; j'en suis malade et je n'en ai pas mangé. Le Roi, la Reine, les Princes et les Princesses se sont précipités à genoux en arrivant: *Ferdinand, mon pauvre Ferdinand,* s'écriaient-ils, *parle-nous donc, oh! parle-nous!* »

La Reine n'a pas quitté le chevet de son fils; elle tirait les larmes des yeux de toute l'assistance par sa douleur et par les ardentes prières qu'elle adressait au ciel. Mais nous nous arrêtons; ce sont de ces douleurs que l'on ne peut décrire.

A trois heures et demie une dernière crise arriva. Un cri de douleur se fait entendre....., c'est la Reine qui vient de recevoir le dernier soupir de son enfant.

A trois heures quarante-cinq minutes Ferdinand-Philippe-Louis-Charles-Henri, duc d'Orléans, rendait le dernier soupir, béni par la Religion qui avait assisté ses derniers moments; il léguait son ame à

Dieu dans les enlacements du vieux Roi son père, qui avait incliné ses lèvres sur ce front mourant; sous les larmes et les derniers adieux déchirants de sa mère infortunée qu'on ne pouvait arracher de ses embrassements, de dessus ce lit de douleur; entouré de toute sa royale famille, au milieu des sanglots de Madame Adélaïde, de la princesse Clémentine, de la duchesse de Nemours, des ducs d'Aumale et de Montpensier, et des vénérables ecclésiastiques qui lui avaient prodigué les derniers secours de la Religion.

Le Prince mort, le Roi avait entraîné la Reine dans une pièce contiguë à la chambre mortuaire, et où les ministres, les maréchaux et tous les assistants étaient rassemblés. On se précipite aux pieds de la Reine. « *Quel malheur pour notre famille!* » s'écrie le Roi. « — *Mais quel affreux malheur aussi pour la France!* » Et en prononçant ces mots, la Reine sanglottait. Autour d'elle, tout était en larmes, gémissements, désolation. Le Roi s'approcha du maréchal Gérard, qui fondait en larmes, et lui serra la main avec une indicible expression de douleur paternelle, de résignation magnanime et de fermeté toute royale.

Ce fut dans l'arrière-boutique de la pauvre maison où il avait été déposé que le duc d'Orléans expira. En ce moment suprême, cinq ecclésiastiques étaient auprès de lui: M. l'abbé Coquereau, chanoine de Saint-Denis, un jeune abbé dirigeant une institution dans le voisinage de Neuilly, un prêtre de Saint-Philippe-du-Roule, où l'on avait envoyé tout de suite après l'accident; un chapelain du château, et M. le curé de Neuilly, qui avait administré les derniers sacrements. Dans la chambre voisine étaient les ministres, M. Pasquier, médecin des Princes, le général Gourgaud, le général Gazan, le général Pajol et leur suite.

Déjà la dépouille mortelle du Prince royal avait été placée sur une litière couverte d'un drap blanc. La Reine avait refusé de remonter dans sa voiture, et elle avait déclaré qu'elle accompagnerait le corps de son fils jusqu'à la chapelle du palais de Neuilly, où elle avait voulu qu'il fût exposé. — « *A pied, n'est-ce pas, mon ami?* » disait-elle à son auguste époux, en lui pressant la main, en signe de prière.

— « *Oui, à pied!* » répondit le Roi.....

En conséquence, on avait fait venir en toute hâte une compagnie d'élite du 17e régiment d'infanterie légère pour former la haie sur le passage du cortége funèbre; et c'est ainsi que ces braves, qui avaient accompagné le Prince royal dans le défilé des Portes-de-Fer et sur les hauteurs de Mouzaïa, servaient à cette heure d'escorte à son convoi. Plusieurs soldats pleuraient. Tous se rappelaient avec quelle valeur brillante le duc d'Orléans abordait l'ennemi, par quelle bienfaisance délicate et généreuse il savait tempérer la rigueur nécessaire du commandement.

Cependant une foule inquiète et morne encombrait les abords de la modeste demeure où le Prince avait été transporté. C'était avec une douloureuse anxiété que l'on s'enquérait de ses nouvelles, et le peloton de soldats du 17ᵉ léger que l'on avait placé à distance avait peine à maintenir l'impatience de la foule, lorsque M. le préfet de police donna ordre de faire avancer la voiture du Roi et de la Reine.

En ce moment la porte de la maison sur laquelle étaient fixés tous les regards, s'ouvrit : chacun se découvre et fait silence en voyant apparaître une longue civière portée par des soldats et des serviteurs de la maison d'Orléans, et tout enveloppée de rideaux blancs dérobant aux regards le corps de l'auguste défunt. M. le préfet de police précédait le convoi.

A cinq heures, le lugubre cortége se mit en route. Le lieutenant-général Athalin marchait en avant de la litière.

Derrière le corps, tête nue, marchait le Roi, désolé, mais cependant ferme; d'un geste il avait indiqué qu'il ne monterait pas dans sa voiture, et c'était à pied, soutenant de son bras la Reine, qu'il suivait le corps de son fils, accompagné de madame

Adélaïde, qui pouvait à peine marcher, de madame la duchesse de Nemours, de mademoiselle la princesse Clémentine, de MM. les ducs d'Aumale et de Montpensier.

Venaient ensuite M. le maréchal Soult, tous les ministres, le maréchal Gérard, le général Jaqueminot, les officiers généraux, les officiers du Roi et des Princes, M. l'abbé Coquereau, M. le curé de Neuilly et toute la foule des assistants atterée en présence d'une si grande infortune.

Le convoi parcourut ainsi l'avenue de Sablonville, franchit la vieille route de Neuilly, et entra dans le parc royal qu'il traversa dans toute sa longueur.

Le Roi n'avait voulu céder à personne le droit de conduire ce premier deuil de son fils aîné. Il est ainsi arrivé, accompagné de la Reine, jusqu'à la chapelle du château, transformée en *chapelle ardente*, où LL. MM. et LL. AA. RR., après s'être agenouillées devant l'autel, ont laissé le corps de leur fils et frère bien aimé sous la garde de Dieu!

M. Lohné accompagna le corps jusqu'à la grille du parc.

La foule était nombreuse, mais elle ne pénétra point dans l'intérieur. Aussitôt que l'escorte fut entrée, on ferma les grilles. La famille royale se retira. Le chancelier et les ministres furent seuls admis chez le Roi.

Telle fut la première partie de cette lugubre journée. Le Roi, malgré sa douleur profonde, a conservé toute sa grandeur d'âme. A six heures, M. le commandant de Larue, officier d'ordonnance du roi, partait pour la ville d'Eu avec mission de ramener LL. AA. RR. le comte de Paris et le duc de Chartres, qui devaient passer la saison des bains dans cette résidence, sous la surveillance de M. de Boismilon, l'ancien précepteur, l'ami fidèle, le conseiller simple et dévoué du prince royal.

A sept heures, le Roi donna l'ordre à M. Chomel, son premier médecin, et à M. Bertin de Vaux, officier d'ordonnance de S. A. R., de partir immédiatement pour Plombières, où Madame la duchesse d'Orléans devait passer une saison de bains. Au milieu des émotions déchirantes d'une journée si funeste, le souvenir de cette princesse infortunée n'a pas cessé d'être présent à la pensée de sa famille d'adoption, et son nom se mêlait à toutes les larmes.

A neuf heures, Madame la duchesse de Nemours et Madame la princesse Clémentine, accompagnées de Madame Angelet et de M. le lieutenant-général de Rumigny, avaient également pris la route de Plombières. Elles étaient chargées de porter à la duchesse des lettres du Roi et de la Reine.

Le télégraphe avait fait connaître au préfet des Vosges le douloureux évènement dont M. Bertin de Vaux lui portait les détails. Les plus grands ménagements lui étaient recommandés pour préparer la princesse.

On expédiait en même temps un courrier en Belgique vers les hôtes royaux du palais de Laeken.

Le Roi avait fait partir un officier d'ordonnance pour porter à M. le duc de Nemours, qui se trouvait alors à Nancy, l'affreuse nouvelle de la mort de son frère et l'ordre de se rendre sur-le-champ à Paris; et à cette occasion nous ne pouvons nous dispenser de décrire la scène douloureuse qui se passa.

Le duc de Nemours reçut la fatale nouvelle au moment où il était occupé à une inspection dans le quartier du 1er régiment de hussards, le même qui était si noblement commandé par le Prince royal en 1830. Une dépêche télégraphique venue de Metz, avait averti le préfet de la Meurthe, M. Arnault. Le préfet l'avait communiquée au général Villatte, qui s'était chargé d'apprendre cette nouvelle au jeune prince; mais en approchant de S. A. R., la force sembla lui manquer un instant pour accomplir sa triste mission. Le Prince l'aperçut qui pâlissait : « Qu'avez-vous, général ? vous paraissez souffrant ? — Oh ! Monseigneur, une horrible nouvelle arrive de Paris... — Je vous comprends, le Roi est tué !!... — Non, mais le Prince royal n'est plus ! Il est mort hier, à Paris, des suites d'une chûte de voiture !... »

Il n'est pas facile de donner une idée du désespoir qui s'empara en ce moment de M. le duc de Nemours... Cette scène douloureuse se passait à sept heures du matin, au milieu de tous les officiers du régiment rassemblés pour le travail d'inspection. Il n'y eut qu'une voix pour déplorer le malheur qui frappait la France ! Le 1er de hussards se ressouvenait de son jeune et intrépide colonel. Il l'avait toujours regretté; il le pleurera longtemps.

C'est à la suite de cette accablante nouvelle que le duc de Nemours partit immédiatement se dirigeant d'abord vers Plombières. Mais, arrivé à deux kilomètres environ de Nancy, pensant que son devoir l'appelait immédiatement auprès du Roi, il fit brusquement rebrousser chemin au postillon. — *Ventre à terre à Nancy!* — Mais, mon prince, je ne puis pousser davantage mes chevaux sans m'exposer à quelque accident. — *Va toujours*, répliqua le duc de Nemours, *s'il arrive quelque chose, tu n'en seras pas responsable.*

En quelques instants le prince était de retour à Nancy, où il ne prit que le temps d'écrire la fatale nouvelle à son auguste belle-sœur, et prit immédiatement la route de Paris. Le 15 au matin il arrivait à Neuilly.

L'ordre fut encore envoyé à Toulon de diriger un bateau à vapeur vers les côtes de Sicile, où l'on supposait que l'escadre de l'amiral Hugon, dont fait partie M. le prince de Joinville, devait se trouver. Le *Tonnerre* est parti pour cette destination.

Les journaux ont annoncé depuis l'arrivée du prince de Joinville et de toute la flotte de l'amiral Hugon à Naples le 26 juin.

Ils indiquent ensuite la possibilité d'un voyage du prince à Palerme pendant le voyage de la cour des Deux-Siciles à l'occasion des fêtes de sainte Rosalie.

On sait que la Reine professe une dévotion toute sicilienne pour sainte Rosalie, patronne de Palerme. C'est à cette circonstance que l'aîné de ses fils devait le nom de Rosolin; c'est aussi en commémoration de cette sainte qu'elle porte d'habitude sur elle une de ses médailles, qu'elle avait appliquée pour dernière espérance sur la poitrine de son fils expirant.

A dix heures, M. le duc d'Aumale, accompagné de M. le comte de Montguyon, aide-de-camp du prince royal, fut envoyé par le Roi au pavillon Marsan, où il a procédé, en sa présence, à la mise des scellés sur les papiers de S. A. R.

A 11 heures du soir, M. le duc d'Aumale était revenu au château de Neuilly, où S. A. R. s'était établie avec le duc de Montpensier.

M. l'archevêque de Paris, aussitôt qu'il avait eu connaissance de l'affreux événement, s'était empressé le soir même de se rendre au palais de Neuilly avec ses grands-vicaires.

Dans la soirée tous les théâtres avaient spontanément fait relâche. Plus de quatre mille personnes stationnaient dans la cour des Tuileries; l'affliction était sur tous les visages; le boulevard, couvert de groupes où l'on ne s'entretenait que d'un malheur dont les conséquences graves n'échappent à personne, offrait une consternation publique.

La journée du 13 juillet comptera parmi les plus calamiteuses qui aient signalé ce règne déjà long, et où tant de cruelles épreuves se sont mêlées à tant de difficultés. La mort de M. le duc d'Orléans remplira d'une amertume sans remède les dernières années, et puissent-elles être nombreuses! de ce roi au cœur ferme, qui a vu passer sur sa tête tant de périls de toutes sortes, et qui n'a jamais été sensible qu'à ceux de ses enfants. « *Encore si c'était moi!* » disait-il en tenant dans ses bras le corps défaillant de uosfils.... La journée du 13 juillet ne laissera pas des traces moins profondes dans l'âme de cette pauvre reine, dont le premier cri, dans une si grande détresse de son cœur maternel, a été pour son pays : « *Quel affreux malheur pour la France!* »

La mort aussi triste qu'inattendue du prince royal est, sans contredit, l'événement le plus grave qui soit arrivé depuis la révolution de Juillet.

C'est un événement immense, incalculable dans ses effets. Il se présente avec la perspective d'une régence qui peut être prochaine. Nul doute que la situation ne fût moins embarrassante si cet infortuné prince était mort sans enfants. Et cependant, c'est de la naissance de ses deux fils que s'était réjouie et que devait se réjouir la France de Juillet.

Dans la nuit qui suivit son malheur de mère, la reine réclama du roi de veiller elle-même auprès des restes mortels de son auguste fils; ses forces la trahirent : elle s'affaissa sur la terre aussi sans connaissance et on dut la transporter dans son appartement. A peine eut-elle repris ses sens qu'elle reprenait aussi le chemin de la chapelle, envers et contre tous.

Le Roi a pris le deuil pour quatre mois à dater du 14, à l'occasion de la mort de S. A. R. le duc d'Orléans.

Le 14 juillet, dès le matin, Paris a présenté le spectacle d'une consternation universelle. Le nom du Prince royal, l'éloge de tant de rares et brillantes qualités, à jamais perdues pour la France, étaient dans toutes les bouches. On se rappelait sa modestie, son affabilité, sa bravoure, ses vertus de famille, et les gages déjà si nombreux de dévouement qu'il avait donnés à la cause nationale. Tous les cœurs étaient brisés par le sentiment du malheur public. Tous s'unissaient aux larmes et à la douleur d'une famille auguste et désolée. Chacun se sentait frappé par un coup si affreux et si imprévu. On n'entendait que les témoignages de l'affection publique. De toutes parts la tristesse de l'armée et du peuple annonçait cette fin terrible et si prématurée d'une vie qui promettait d'être si belle.

A neuf heures du matin, le Roi, la Reine, madame la princesse Adélaïde, le duc d'Aumale et le duc de Montpensier ont assisté à la messe qui a été célébrée dans la chapelle du château, en présence du lit funèbre où le corps de M. le duc d'Orléans était encore exposé. La chapelle a été transformée en *chapelle ardente,* où des prêtres récitent sans interruption, nuit et jour, les prières des morts, et où veillent, à tour de rôle, les officiers d'ordonnance de S. M. et des princes.

Après la messe, le Roi et sa famille sont rentrés dans leurs appartements.

Le Roi est revenu plusieurs fois dans le jour à la chapelle ; chaque fois, après s'être prosterné et avoir prié, il a levé les draperies qui cachaient le corps de son fils, l'a contemplé avec un attendrissement résigné, et s'est retiré après avoir jeté de l'eau bénite.

A midi, M. le duc d'Aumale s'est rendu de nouveau au pavillon Marsan, dans l'appartement du Prince royal, où S. A. R. a présidé au classement des papiers du prince défunt et à l'apposition des scellés.

Cependant le conseil des ministres tenait séance de midi et demi à deux heures, sous la présidence de M. le maréchal duc de Dalmatie. A l'issue de ce conseil, les ministres se sont transportés pour Neuilly.

Là, un nouveau conseil a été tenu le soir, et présidé par le Roi, qui a traité les affaires d'état avec cette lucidité, ce grand sens et ce sang-froid merveilleux qui ne lui ont fait défaut dans aucune des plus cruelles épreuves de son règne. La convocation des chambres y a été résolue pour le 26 juillet.

S. M. n'a rien perdu de l'admirable fermeté d'âme qu'elle a montrée au moment de la catastrophe. « Le coup est terrible, a dit le Roi, mais il « ne doit pas ébranler notre confiance dans l'avenir. « Nous surmonterons toutes les difficultés. »

La Reine n'est pas moins héroïque dans sa résignation. A l'une des personnes qui s'empressaient hier auprès d'elle, S. M. disait : « J'étais trop heu« reuse et trop fière de *lui*. Dieu me *l'a* enlevé. »

Le 14, durant tout le jour, ainsi que nous l'avons déjà dit, la famille royale était venue successivement prier auprès du corps du défunt. Le roi s'y était agenouillé à diverses reprises, et chaque fois il avait soulevé les draperies funèbres, plongeant un douloureux regard sur les traits inanimés de l'aîné de ses fils; puis il s'était relevé pour céder sa place à l'auguste mère.

Constatons encore un dernier trait de la force d'âme du monarque. Dans la nuit du 14 au 15, le Roi s'était levé vers deux heures et s'était acheminé seul avec une lumière vers la chapelle ardente pour voir une dernière fois encore les restes de son enfant. Après avoir fait sa prière, prosterné à côté des deux ecclésiastiques qui veillent dans le silence, il se relève, découvre d'une main le drap mortuaire, et, à la lueur du flambeau qu'il approche de l'autre, contemple quelques instants avec l'expression de la douleur la plus concentrée et la plus aiguë tout ce que la mort vient de lui ravir; puis, tout-à-coup, son œil navré n'en peut plus, il le relève sillonné d'une grosse larme vers la voute, ses lèvres se desserrent pour désoppresser sa poitrine de père, et l'on entend à peine s'en exhaler ces mots : *Mon Dieu! mon Dieu!* Le suaire est retombé, le genou royal a fléchi, et le flambeau éclaire déjà ses pas chancelants pour remonter vers sa couche d'insomnie.

Cependant l'auguste veuve du Prince royal ignorait le coup fatal qui venait de la frapper dans ses plus chères affections, dans ses plus légitimes espérances. Écoutons le récit douloureux que nous donne un journal de l'arrivée de la fatale nouvelle à Plombières :

« Tandis que Paris et une partie de la France étaient déjà en deuil, la ville de Plombières, heureuse de posséder S. A. R. madame la duchesse d'Orléans, voyait avec un bonheur inexprimable les premiers bons effets des eaux et du bon air des montagnes sur la santé de la Princesse.

« Les nombreux étrangers qui affluent à Plombières dans cette maison montraient chaque jour aussi l'expression du plus vif intérêt pour cette Princesse, si digne de celui qu'elle allait perdre dans quelques instants

« La journée du 13 avait été, comme la plupart des journées de madame la duchesse d'Orléans, consacrée à des soins charitables, à donner des audiences aux malheureux, à faire du bien, et à le bien faire.

« Le soir, après sa promenade ordinaire dans les montagnes, S. A. R. avait admis à sa table M. le curé de Remiremont, ceux de Plombières, de Saint-Amé, et plusieurs autres personnes notables.

« Le 14, terrible jour qui a été pour nous le jour des plus amères douleurs, la Princesse avait répandu de nouveaux bienfaits, elle avait fait de bienveillantes amplettes, et comblé de bonheur une foule de pauvres gens qui avaient été admis devant elle.

« Vers trois heures, la princesse sortit en voiture pour faire une plus longue course que les autres jours. Le temps était beau, l'air était pur, toute la population s'était portée du côté où S. A. R. devait passer.

« A six heures et demie, quand la Princesse rentra en ville, sa douce physionomie, son regard bienveillant semblaient dire aux personnes accourues sur son passage : « Je suis heureuse au milieu de vous. »

« Hélas! pendant cette promenade, un courrier expédié de Nancy par M. le duc de Nemours était arrivé à Plomblières. On avait cru d'abord qu'il annonçait le prince; mais peu de moments après, l'air consterné des gens de la Princesse avait trahi l'idée d'un grand malheur. Etait-ce le Roi, était-ce le Prince royal ou quelque autre personne de la famille? On se perdait en désolantes conjectures.

« Que l'on juge donc de l'effet déchirant que produisit sur chacun la vue de la Princesse rentrant chez elle avec calme et gaîté, comme elle était sortie trois heures auparavant.

« S. A. R. avait du monde à dîner; elle s'apprêtait à entrer dans ses salons, lorsque, après de terribles hésitations pour trouver le moyen de lui laisser du moins entrevoir quelque chose du grand malheur qui allait l'accabler, on s'arrêta à l'idée de lui porter ce premier coup, en ne parlant d'abord que d'une grave maladie du Prince.

« Ce fut M. le préfet des Vosges qui eut la douloureuse mission de faire valoir ce pieux mensonge. C'était, dit-il à S. A. R., une dépêche télégraphique qui le chargeait de lui donner ces tristes nouvelles.

« Mais rien ne peut rendre ce qui se passa alors! D'un côté, la Princesse, pleine d'effroi, l'œil fixe, interrogeant la prétendue dépêche et le préfet jusque dans le moindre mouvement de ses traits; de l'autre, celui-ci, désespéré, retenant ses larmes, croyant encore alors à quelque chose de plus affreux que l'affreux malheur même, eut cependant assez de courage et de présence d'esprit pour répondre aux questions pressantes, multipliées de la Princesse, qui voulait tout savoir. Il ne lui cacha pas que la maladie du Prince devait être grave, mais du conseil même des personnes attachées à la maison de S. A. R., il n'osa pas aller au-delà.

« Une heure après, la Princesse était prête à partir. Ce fut alors que cette âme si grande, si belle, se montra pour nous avec le plus indicible rayonnement de courage et de bonté.

« De funestes pressentiments l'avaient sans doute saisie: elle versait d'abondantes larmes, et cependant elle se montrait résignée, comme l'âme qui puise sa force en Dieu. Elle parla à tout le monde; elle prescrivit de nouvelles aumônes; elle remercia; elle voulut que les fidèles de Plombières priassent dès le lendemain pour le Prince malade! On pleurait, on se jetait sur ses mains, sur ses vêtements pour les baigner de larmes.

« Des cris de joie avaient salué dix jours avant l'arrivée de madame la duchesse d'Orléans à Plombières, hélas! sous la conduite du vaillant Prince que la France allait voir disparaître du seuil de ce trône constitutionnel où il était si digne de s'asseoir un jour; des cris de désespoir, des sanglots ont salué le départ de la Princesse: elle emportait les bénédictions de la population tout entière!

« Et le lendemain, dans l'église de Plombières, une foule recueillie pleurait et priait pour celui qui, le jour de son départ, avait dit : « Je revien-
« drai : je vous confie ce que j'ai de plus cher au
« monde! »

Voici, au reste, les plus authentiques que nous avons recueillis sur cet épisode du grand drame funèbre :

La nouvelle de la mort soudaine de M. le duc d'Orléans était parvenue à Plombières dans la journée du jeudi 14. M. le duc de Nemours, avant de quitter Nancy, avait fait expédier à M. le lieutenant-général Baudrand une dépêche qui contenait ces mots : « *Le duc d'Orléans est mort à Paris.* » Quand le général reçut cette nouvelle, la duchesse venait de rentrer d'une longue promenade, et elle se préparait pour le dîner, auquel plusieurs personnes avaient été invitées. Le général courut chez le préfet, et en revint bientôt avec une nouvelle dépêche, rédigée par eux pour la circonstance, et dans laquelle il était question, non plus de la mort, mais d'une maladie grave du Prince royal. La princesse reçut avec une émotion douloureuse cette première et prudente communication de l'affreux malheur qui devait la frapper. Elle voulut partir sur-le-champ, et le général disposa tout pour son départ immédiat. Deux heures après, S. A. R. était en voiture. Elle voulut suivre la route de Neufchâteau pour éviter Nancy. « Le duc d'Orléans me grondera, dit-elle en partant; mais n'importe, mon parti est pris! »

A quelques lieues en-deçà d'Epinal, pendant la nuit la voiture de S. A. R. fut soudain arrêtée par la rencontre de celle qui devait conduire à Plombières M. le commandant de Vaux et M. Chomel. Ce dernier s'approcha de la portière de la princesse, qui mit pied à terre avec une vitesse extraordinaire. « Quelles nouvelles? demanda S. A. R. toute tremblante. Il est donc plus malade? » M. Chomel n'eut pas la force de répondre. « Il est mort! je vous comprends! » s'écria la princesse avec un accent déchirant; et on eût dit qu'elle allait succomber sous le poids de son malheur. La crise fut longue et terrible... Après avoir dit qu'elle comprenait, la princesse ne voulait plus croire à la réalité d'une catastrophe si épouvantable. « Non, cela n'est pas possible! s'écriait-elle avec angoisse. Vous vous trompez, il n'était pas mort! Nous le retrouverons. Je le reverrai! »

Cette scène de douleur, à laquelle l'obscurité de la nuit ajoutait son deuil affreux, durait depuis longtemps. La princesse fut reportée dans sa voiture; elle ordonna de faire la plus grande diligence. Elle voulait arriver à temps « pour revoir mort, disait-elle, celui que le ciel l'avait condamnée à ne plus retrouver vivant! »

A Mirecourt, S. A. R. rencontra ses augustes sœurs, la duchesse de Nemours et la princesse Clémentine, qui venaient au-devant d'elle et qui avaient déjà passé deux nuits. Elle monta dans leur voiture et continua sa route vers Paris, sans s'arrêter un seul instant.

Partout, sur le passage de S. A. R., les populations ont témoigné, par leur contenance respectueuse, triste et consternée, la part qu'elles prenaient à son malheur.

Madame la duchesse d'Orléans est arrivée le 15 au matin, vers onze heures, au palais de Neuilly ; le Roi et la Reine attendaient S. A. R. à la descente de la voiture, en avant du vestibule du *Petit-Château*, où les appartements de la princesse avaient été préparés. Le Roi a reçu sa fille entre ses bras ; la reine l'a inondée de ses larmes. La duchesse sanglottait.... Mais comment raconter une scène qui n'a pas eu de témoins ? Tout le monde s'était éloigné par respect pour ces premiers et augustes épanchements d'une si grande infortune.

Ensuite S. A. R. a été conduite par LL. MM. dans la chapelle où repose le corps de M. le duc d'Orléans. La princesse s'est agenouillée et a fait une prière. Puis elle a demandé avec instance que le cercueil fût ouvert.... Mais cette triste et superbe consolation ne pouvait plus être accordée à sa douleur. Le cercueil avait été scellé avec du plomb, et il eût été impossible de l'ouvrir sans y employer beaucoup de temps et beaucoup d'efforts.

Madame la duchesse d'Orléans a été ensuite ramenée dans ses appartements, où S. A. R. s'est mise au lit.

La princesse s'est levée à trois heures, et elle a voulu recevoir ceux des officiers du royal défunt qui se trouvaient en ce moment au château : M. le général Marbot, M. le duc d'Elchingen, M. le docteur Pasquier, M. de Boismilon et M. Asseline ont été successivement introduits. La princesse a également reçu Madame la duchesse d'Elchingen.

Le soir, Madame la duchesse d'Orléans a voulu dîner avec LL. MM. et la famille royale.

La santé de la princesse ne paraît pas avoir été sérieusement ébranlée par l'horrible épreuve qu'elle vient de subir. Après un désespoir déchirant et dont ceux qui en ont été témoins ne parlent encore qu'avec larmes, la duchesse d'Orléans a retrouvé le calme, le courage et la résignation que les âmes fortes savent opposer aux coups du sort. La veuve du prince royal s'est souvenue qu'elle est la mère du Comte de Paris. Fille adoptive de notre roi, chère au pays qui aime en elle la réunion des plus rares qualités de l'esprit et du cœur, elle sait les grands devoirs qu'elle a à remplir, et elle y prépare son âme au sein même de cette accablante douleur!

La duchesse d'Orléans était digne de s'asseoir sur

un trône à côté du prince que la France pleure en ce moment avec une si touchante unanimité. Elle se montrera digne encore d'un tel époux en apprenant à ses fils à imiter un tel père!

Le 16, le Roi et la Reine des Belges sont arrivés au palais de Neuilly. Le Roi et la Reine des Belges sont descendues au Petit-Château.

LL. MM. avaient reçu le 14 à midi, la nouvelle de la mort du duc d'Orléans; c'était le Roi des Français lui-même qui leur avait fait part de ce fatal événement, en leur exprimant le désir de les voir immédiatement. En apprenant la douloureuse nouvelle, les Ministres belges accompagnés de M. de Rumigny, ambassadeur de France, s'étaient spontanément rendus auprès de Leurs Majestés.

Toute la famille de France, le Roi, la Reine, la duchesse d'Orléans, les princes et les princesses les attendaient sur le perron, où elles ont été reçues au milieu des larmes. La famille royale assistait seule à cette douloureuse entrevue.

LL. MM. ont conduit leur auguste fille dans la chapelle ardente où est exposé le cercueil de M. le duc d'Orléans, et où elles sont restées quelque temps.

Ensuite LL. MM. et LL. AA. RR. se sont retirées dans l'appartement de la Reine, d'où elles ne sont plus sorties.

La réunion de la famille royale se trouvait en ce moment presque complétée par l'arrivée de LL. MM. belges. Il ne manquait plus, pour que cette réunion fût entière, que le retour de M. le prince de Joinville, qui, débarqué le 22 à Toulon, vient d'arriver aujourd'hui à Paris. La destinée du jeune marin semble être d'apprendre en mer tous les malheurs qui viennent affliger sa famille. C'est ainsi qu'il reçut, en rade de Brest, la première nouvelle de la mort de l'infortunée duchesse de Wurtemberg, de si regrettable mémoire. Sa présence a cruellement fait défaut à la famille royale au milieu de ces épreuves lamentables. Le Roi n'a pas trop de tous ses fils, groupés autour de sa personne, pour l'aider à soutenir aujourd'hui le fardeau qu'il porte depuis douze ans avec tant de courage, et que la destinée vient de rendre si douloureux et si pesant.

Depuis l'évènement une file non interrompue de voitures a couvert la route de Neuilly. L'affluence des visiteurs a été immense. LL. MM. n'ont pas reçu, mais on s'inscrivait à la porte du palais.

Presque toutes les voitures passaient par l'avenue qui conduit au chemin de la Révolte, et s'arrêtaient sur le lieu de la catastrophe, où la foule n'a cessé d'être considérable.

Les Pairs de France et les Députés présents à Paris ou dans les environs, sont accourus au palais de

Neuilly. Nous constatons avec plaisir que tous, sans acception de parti, se sont soumis à ce pieux devoir d'étiquette.

La plupart des officiers du prince royal étaient absents de Paris au moment où la mort l'a si subitement frappé. M. le lieutenant-général Baudrand était à Plombières; M. le lieutenant-général Marbot achevait une inspection; M. de Chabaud-Latour était au Vigan, où il vient d'être réélu député; M. le comte de Montguyon se trouvait, avec M. le duc d'Elchingen, dans une des terres de M. de Vatry, près Saint-Denis, et ils n'ont reçu l'affreuse nouvelle que dans la soirée.

M. Bertin de Vaux devait accompagner M. le duc d'Orléans à Saint-Omer, et il était seul de toute la maison de S. A. R. aux Tuileries, d'où il s'est rendu auprès du prince expirant.

Monseigneur l'archevêque de Paris vient d'adresser une lettre pastorale à son clergé. Elle ordonne des prières pour le Roi et un service solennel pour le repos de l'ame du Prince royal.

Dans tous les diocèses de France, il sera dit des messes et des prières dans le même but.

Par ordres du jour en date du 14, la garde nationale, l'armée de terre et de mer prendront le deuil jusqu'à nouvel ordre;

Enfin, M. le ministre de l'intérieur vient d'adresser une circulaire à tous les préfets pour leur annoncer que les fêtes de juillet ne seraient point célébrées. Le service funèbre en l'honneur des victimes de 1830 seul aura lieu.

Les dispositions suivantes sont prises pour célébrer les funérailles de S. A. R. le duc d'Orléans:

Le corps est en ce moment exposé dans la chapelle du palais de Neuilly, dont une compagnie du 17ᵉ léger qui accompagna le Prince en Afrique garde les issues; mais cette chapelle est trop exiguë, et l'on ne peut songer à faire l'exposition dans les appartements du château.

La dépouille mortelle sera donc amenée à Paris le 30, déposée à Notre-Dame du 30 juillet au 2 août. Le 3 aura lieu la cérémonie funèbre en présence de tous les grands corps de l'état.

Des préparatifs immenses se font en ce moment à la métropole. Sur le parvis on dresse des mâts qui porteront des oriflammes crêpées de deuil : en avant de la grande porte un pavillon sur lequel sera déposé le cercueil à son arrivée à l'église.

Le catafalque s'élevera sur un riche dais, au centre de la croix. Dans les galeries supérieures on établit des amphithéâtres pour dix mille assistants. Deux cents lustres seront suspendus à la grande voûte de la nef, dont toutes les petites voûtes ogiviques seront étoilées d'argent.

L'archevêque de Paris officiera.

Une marche instrumentale et spéciale sera composée pour la translation du corps à l'église métropolitaine ; c'est M. le directeur du Conservatoire de musique qui est chargé de cette composition.

Voici les principaux corps qui doivent figurer au cortège :

La garde nationale et tous les corps de troupes de Paris et de la banlieue, l'école spéciale et militaire de Saint-Cyr, l'école Polytechnique, l'école d'application d'état-major, le collège Henri IV, les ministres, les maréchaux, les membres de la chambre des députés, des pairs et du conseil-d'état, la cour de cassation, la cour des comptes, le conseil général et le conseil municipal du département de la Seine ; les divers corps de l'état-major, le conseil d'amirauté, les membres du corps diplomatique, les membres de l'Université, de l'Institut, les corps savants, les tribunaux de première instance et du commerce, les préfets et maires des départements ; enfin, des drapeaux portés par des sous-officiers représentant, comme à la translation des cendres de Napoléon, les les divisions militaires des 86 départements de la France.

Les quatre fils du Roi suivront à pied le char funèbre depuis Neuilly jusqu'à Notre-Dame.

Dans la soirée du 3 au 4 août, le Roi se rendra personnellement à Dreux. Le corps du duc d'Orléans sera transporté à sa dernière résidence, dans un charriot de poste ; les Princes suivront en voiture.

Le 4, un nouveau service et une messe de *requiem* seront célébrés à Dreux.

ACTE DE DÉCÈS.

Extrait des registres de l'état civil de la Maison royale.

« Du mercredi treizième jour du mois de juillet mil huit cent quarante-deux, dix heures du soir.

« Acte de décès de très-haut et très-puissant prince Ferdinand-Philippe-Louis-Charles-Henri d'Orléans, duc d'Orléans, Prince Royal, né à Palerme le trois septembre mil huit cent dix, fils de très-haut, très-puissant et très-excellent prince LOUIS-PHILIPPE, premier du nom, Roi des Français; et de très-haute très-puissante et très-excellente Princesse MARIE-AMÉLIE, Reine des Français; marié à très-haute, et très-puissante Princesse Hélène-Élisabeth, Princesse de Mecklenbourg-Schwerin; décédé cejourd'hui, à quatre heures après-midi, en une maison sise commune de Neuilly, département de la Seine, où il avait été transporté à la suite d'une chute de voiture.

« Le présent acte dressé par nous Etienne-Denis, baron Pasquier, chancelier de France, président de la Chambre des Pairs, grand'croix de l'Ordre royal de la Légion-d'honneur, remplissant, aux termes de l'ordonnance royale du 23 mars 1816, les fonctions d'officier de l'état civil des princes et princesses de la Maison Royale; accompagné de Élie, duc Decazes, pair de France, grand-référendaire de la Chambre des Pairs, grand'croix de l'Ordre royal de la Légion-d'Honneur; assisté de Alexandre-Laurent Cauchy, garde honoraire des archives de la Chambre des Pairs, chevalier de l'Ordre royal de la Légion-d'Honneur;

« En présence et sur la déclaration de Jean-de-Dieu Soult, duc de Dalmatie, pair et maréchal de France, ministre de la guerre, président du conseil des ministres, grand'croix de l'Ordre royal de la Légion-d'honneur, né à Saint-Chamans-la-Bastide (Tarn), âgé de soixante-treize ans;

« Et de Nicolas-Ferdinand-Marie-Louis-Joseph Martin (du Nord), garde-des-sceaux, ministre de la justice et des cultes, grand-officier de la Légion-d'Honneur, né à Douai (Nord), âgé de cinquante et un ans, second témoin.

« Fait au château royal de Neuilly, où nous nous sommes transportés en vertu d'ordre du Roi, et où le corps du Prince décédé, placé dans la chapelle du château, nous a été représenté par Louis-Marie-Jean-Baptiste baron Athalin, pair de France, lieutenant-général, aide-de-camp du Roi, grand-officier de la Légion-d'Honneur.

« Et ont, les personnes ci-dessus désignées,

signé avec nous, après lecture faite, au château de Neuilly, les jour, mois et an que dessus.

Signé : Maréchal duc DE DALMATIE, N. MARTIN (du Nord), baron ATHALIN, le duc DE-CAZES, PASQUIER, AL. CAUCHY. »

Le 15, à sept heures du matin, MM. les docteurs Pasquier père et fils procédèrent, à Neuilly, à l'autopsie et à l'embaumement de S. A. R. M. le duc d'Orléans. Le Roi les avait autorisés à s'adjoindre des médecins de leur choix que nous allons nommer.

Les chargés de cette mission étaient MM. Fouquier, premier médecin du Roi; Pasquier père, premier chirurgien du Roi; Pasquier fils, deuxième chirurgien du Roi et du prince royal; Auvity, médecin des enfants du Roi; Blache, médecin des enfants du duc d'Orléans; Moreau et Blandin, chirurgiens consultants; Destouches, médecin du palais de Neuilly. Ces messieurs s'étaient adjoint MM. les docteurs Alphonse Pasquier et Blanche, ainsi que les deux pharmaciens du Roi, MM. Séguin et Sauvé.

M. le baron Athalin avait été désigné par le Roi pour assister à ces opérations qui, commencées à sept heures et demie du matin, n'ont été terminées qu'à huit heures du soir.

Voici, à cette occasion, les détails qu'on nous a communiqués, et auxquels on peut ajouter foi. Le

Prince est mort d'un *écrasement* de la tête. Dupuytren appelait ainsi, dans ses leçons cliniques, les lésions physiques les plus graves et les plus compliquées.

En effet, cette lésion comprend la contusion, la déchirure, la rupture, la fracture. On peut ajouter ici la luxation, c'est-à-dire l'écartement des sutures. Le prince a donc offert toutes les lésions physiques possibles de la tête.

Ces écrasements sans divisions de la peau sont ordinairement produits par le choc d'une poutre, d'une grosse pierre, par le passage sur la tête d'une roue de voiture très lourdement chargée, des trains et des caissons d'artillerie, par la chûte des chevaux sur leurs cavaliers, et surtout par les boulets de canon qui frappent obliquement la tête. Les chûtes produisent aussi de pareils désordres, quand elles sont faites d'un lieu très élevé et qu'elles portent d'abord sur la tête. Or, la voiture du prince était très basse; il a donc fallu qu'une très énergique impulsion lui ait été imprimée, car le poids seul du corps tombant de cette hauteur ne peut donner la raison de tant de fractures, d'un si complet écrasement. Il faut même que les deux forces aient été dirigées de manière à faire supporter à la tête la presque totalité du choc; ou bien il faudrait supposer une fragilité extrême des os, comme celle qui a été offerte par le crâne du malheureux Bennati.

NOTICE BIOGRAPHIQUE.

Ferdinand-Philippe-Louis-Charles-Henri, duc de Chartres, qui échangea son titre contre celui de duc d'Orléans, que portait son père avant son avènement en 1830 à la couronne de France, naquit le 3 septembre 1810, à Palerme, où il séjourna pendant les deux règnes successifs de Joseph Napoléon et de Murat à Naples.

Ferdinand 1er, roi dépossédé des Deux-Siciles, s'y était retiré avec sa famille ; ce fut alors que le duc d'Orléans, aujourd'hui Louis-Philippe, exilé lui-même, eut occasion de voir la princesse Marie-Amélie, sa fille, et que charmé des qualités éminentes qui la distinguaient entre toutes, il la demanda en mariage à son père, et l'épousa le 25 novembre 1809.

Le duc de Chartres fut le premier fruit de cette union ; ses destinées semblaient alors loin de cette brillante perspective qu'une affreuse mort vient de lui ravir : il commençait sa vie à l'école de l'adversité, cette nourrice des grands princes et des nobles caractères. L'expérience, il n'y a que quelques jours encore, nous prouvait que la bonne fortune n'avait fait que développer les fortes impressions, les salutaires enseignements de sa jeunesse.

Dès l'âge de 4 ans, c'est-à-dire à l'âge même du Comte de Paris, l'aîné de ses deux orphelins d'aujourd'hui, le duc de Chartres arrivait à Paris, dans cette patrie qu'il ne connaissait pas encore, et de laquelle il s'est si bien fait connaître depuis.

Les évènements politiques avaient changé la face de l'Europe ; les Bourbons étaient remontés sur le trône de leurs ancêtres, et le duc d'Orléans revint avec sa femme et ses fils partager leur nouvelle destinée, comme il avait eu sa part de leurs malheurs.

En épousant un prince français, Marie-Amélie avait sincèrement adopté la France pour sa nouvelle patrie, et les premiers vœux qu'elle avait fait adresser au ciel par son fils, pour la revoir, avaient été suggérés par un cœur et exprimés dans un langage tout français.

C'était au mois d'août 1814, que Louis-Philippe présentait son jeune fils au roi, et que Louis XVIII lui disait : *Mon cousin, que ferons-nous de ce beau garçon-là ?*

— *Il faut me faire soldat comme mon papa*, s'était

empressé de dire vivement le petit Alexandre, avant que son père eût pu commencer sa réponse.

— *Eh! eh! monsieur le conquérant; mais comment manierez-vous un sabre plus haut que vous?*

— *Je le lèverai à deux mains jusqu'à ce que je sois plus grand que lui*, répliqua d'un ton résolu le petit duc de Chartres.

On compte de pareilles réparties de la part de plusieurs grands hommes; elles semblent annoncer d'ordinaire les cœurs destinés à marquer glorieusement leur place dans le monde.

A la rentrée de Napoléon à Paris, le 10 mars 1815, la famille d'Orléans fut chercher, pendant les cent jours, un asile en Angleterre, d'où elle revint au commencement de 1816, se rallier en France auprès du trône rétabli des Bourbons.

Louis-Philippe dès lors, sans inspirer d'ombrage au roi, suivant les impulsions libérales de sa jeunesse, s'était posé dans une attitude constitutionnelle, et se montrait hautement le protecteur des idées libérales et progressives en opposition avec la royauté et la chambre de cette époque.

Louis-Philippe ayant la noble prétention de faire de son fils un Béarnais, *après la gousse d'ail* qu'il avait fait sucer en exil au jeune duc de Chartres, voulut lui assurer également les heureux effets d'une éducation publique. Le jeune duc fut donc placé au collège Henri IV, où, tandis qu'il recueillait avec les enfants du peuple les avantages d'une instruction commune, on ne négligeait rien non plus pour lui inoculer tous les germes de cette éducation variée et profonde que réclame le souvenir d'un roi.

Le premier des fils du Roi, qui devaient tous être élevés au collège comme lui, il suivit les cours publics de nos professeurs, et s'y forma de bonne heure à l'étude des hommes et des choses.

Les succès qu'il obtint dans ses études sont assez connus de tous. Son nom était toujours proclamé au grand concours avec ceux des premiers sujets du collège.

A l'âme vigoureusement trempée de son père, il annonçait devoir joindre la bonté de son immortel aïeul, ou celle qui nous fait plus que jamais aujourd'hui chérir sa vertueuse mère.

Tous ses camarades et rivaux de collège devinrent plus tard ses amis et ses privilégiés à la cour. Mais hâtons-nous de dire aussi que ses condisciples s'étaient toujours résignés, sans envie, à le voir remporter sur eux-mêmes, pour la satisfaction de sa famille, des palmes universitaires.

Il est vrai qu'il eût été difficile aux élèves du collège Henri IV de ne pas l'aimer; toujours ils le trouvaient prêt à leur rendre un service, disposé à leur tendre une main amie et protectrice. Y avait-il au collège quelque orage fâcheux à conjurer, quelque bonne fortune à tenter, les élèves s'en entendaient pour porter leur supplique à d'Orléans.

On nous permettra de citer un fait qui honore également peut-être et le protégé et le protecteur.

L'année où le Prince faisait sa quatrième, on lui disputait, quelquefois avec désavantage, souvent avec succès, les premières places de composition. Son plus redoutable rival était le jeune L..., fils d'un petit commerçant peu aisé. Un jour de bataille scholastique, le jeune L... s'en vient les larmes aux yeux dire à son illustre antagoniste : « *Mon cher d'Orléans, vous ne me direz désormais plus : ôte-toi de là que je m'y mette;* je vous laisse le champ libre, vous pourrez être sans peine et constamment à cette heure le premier.

— Mais pourquoi donc, mon ami? Nous combattons ordinairement à chances égales; *nous ne nous en aimons pas moins cordialement tous les deux.*

— Si ça dépendait de moi, je me trouverais assurément bien heureux ici; mais je n'y peux plus rester. Pour parvenir à mettre de côté les économies de ma pension, mon père a dû s'imposer les plus rudes sacrifices; *il n'y peut plus suffire et je suis obligé d'abandonner mes études.* »

De grosses larmes de chagrin ruisselaient le long des joues du petit orateur désespéré; mais il avait été bien éloquent, et la cause de ses études était gagnée.

Avons-nous besoin d'ajouter que le duc de Chartres abandonna généreusement tout l'argent de ses menus plaisirs pour payer la pension, et ne crut pas pouvoir mieux employer les largesses de son père, heureux et fier d'un pareil trait de générosité. C'est que le jeune duc savait qu'aux efforts de rivalité et de lutte de ses camarades étaient dus en partie ses succès.

Du reste, sa volonté était tellement forte dans cette circonstance, qu'il aurait employé tout, tout jusqu'à l'intervention du Roi pour conserver *son Aristide;* car ses lauriers, le soir d'une distribution de prix, n'empêchaient pas de dormir le jeune *Thémistocle* auquel la France réservait sa couronne.

Mais puisque nous avons félicité le prince généreux, rendons aussi justice à la reconnaissance du jeune L...., dont la bouche a proclamé une belle action, qui, sans lui, et s'il n'eût tenu qu'au duc de Chartres, serait restée complètement ignorée.

Cependant le jeune d'Orléans touchait à l'achèvement de ses études. L'histoire, la géographie, les mathématiques et les sciences qui s'y rattachent, les principes de l'art militaire et de l'administration, enfin, les différents exercices du corps dans lesquels il excellait, occupèrent successivement ou à la fois ses belles, ses uniques années.

Il apprit en outre toutes les langues de l'Europe, et bientôt le Français, l'Italien, l'Allemand et l'Anglais lui devinrent familiers au point de les parler avec la même facilité et la même élégance. Dernièrement il n'était pas rare, à la cour de son père ou dans ses salons, de lui voir tenir trois ou quatre conversations différentes avec des interlocuteurs de divers pays.

Ces études variées lui coûtaient peu, doué qu'il était d'une conception prompte, d'un coup d'œil juste et d'un désir incessant de savoir et d'apprendre. Serait-ce trop dire que dans quelque classe de la société que le hasard l'eût placé, ce prince eût à coup sûr figuré parmi les hommes remarquables de son temps; toute la France ne répète-t-elle pas sur sa tombe qu'il eût été le modèle des rois?

Le duc de Chartres venait de terminer ses classes et d'atteindre sa dix-huitième année lorsque son père partit avec lui pour lui faire visiter avec fruit l'Angleterre et l'Écosse. Partout l'accueil le plus flatteur fut fait à ses heureuses qualités; en le voyant, là comme en France on se sentait disposé à l'aimer, et pour ceux qui le connaissaient bien, l'attachement allait jusqu'à l'estime et presque jusqu'à l'admiration.

A son retour en France, en 1829, il fut nommé, par le Roi son oncle, colonel du 1er régiment de hussards, et il s'empressa de se rendre au camp de Lunéville pour en prendre le commandement.

A cette époque Louis-Philippe osait accorder sa protection aux citoyens les plus célèbres de l'opposition, allant jusqu'à offrir asyle dans son palais aux victimes du pouvoir. Tout le monde sait qu'il écrivit à Casimir de Lavigne, qui devait composer plus tard *l'hymne de la Parisienne* pour son bienfaiteur : « *La foudre a frappé votre maison; la mienne vous est ouverte.* »

La Cour pensait avec raison que le duc de Chartres partageait les opinions de son père. Objet de la plus active surveillance, ce n'est pas sans une grande habileté que ce prince put venir à bout d'éviter un piége ou une disgrâce éclatante qui eût éloigné pour toujours peut-être des affaires du pays, et encore plus du trône, la famille d'Orléans. Sa raison et sa prudence déjouèrent les poursuites et les mauvais vouloirs des ennemis de sa famille. Exact à ses devoirs, refusant de prêter l'oreille aux propos malveillants qu'on lui suggérait, il sut se débarrasser de tous les émissaires qui le suivaient à la piste. Ce fut alors aussi que ses capacités brillantes, son affabilité généreuse et noble lui valurent promptement l'estime des officiers et l'affection du soldat : le plus jeune des colonels de l'armée il en fut peut-être en même temps le plus respecté.

Cependant depuis le 8 août 1829 gronde un orage contre lequel va mugir une tempête. Le peuple et la royauté sont aux prises; et par suite des fatales ordonnances, tout se mêle, tout se confond à travers une pluie de feu et les redoutes improvisées des barricades, contre le coup d'état du 26 juillet 1830. Le 27, le 28 et le 29, une dynastie de quatorze siècles, sans trône, sans royaume, sans armée, est réduite à laisser passer la colère du peuple, et à prendre, résignée, la route de l'exil.

Louis-Philippe est nommé lieutenant-général du royaume; quelques heures après il est Roi.

Un jeune Prince en bas âge et orphelin excitait pourtant alors aussi les sympathies de la nation; mais il fut enveloppé par la trombe qui poussait tout dans la mer de Cherbourg.

Infortuné d'Orléans! cet enfant d'alors est majeur aujourd'hui : *vous, Reischtadt et lui, étiez presque du même âge;* les deux aînés ont disparu; Henri de Bordeaux et le comte de Paris vivent encore! quels destins leur sont réservés après la catastrophe qui vient de vous frapper; grand Dieu! sur quoi peut-on se reposer! »

A la première nouvelle du grand événement de 1830, le duc de Chartres, alors en garnison avec son régiment à Joigny, partit précipitamment pour la capitale.

Arrivé le 1er août à Montrouge, la garde nationale de cette commune refusa de le laisser entrer dans Paris.

« Mes amis, je suis français et citoyen comme vous, dit le Prince; qui ne me reproche rien me laisse passer : comme vous j'aime mon pays et je viens le servir. »

On le comprit ; à ce noble langage les rangs s'ouvrirent, le prince va franchir la barrière, mais il faut encore se contraindre pour attendre, sur l'avis du maire de la commune, la délivrance de passeports de l'Hôtel-de-Ville pour protéger le noble jeune homme contre un malentendu dans l'état de surexcitation où se trouvaient les esprits.

En même temps un courrier expédié par lui à Neuilly, lui rapportait des nouvelles de sa famille. Alors, sans plus attendre ses passeports, le jeune colonel revient rejoindre ses soldats à Joigny, et le 3 août reparaît à la tête de son régiment, le premier qui soit entré dans Paris avec le drapeau d'Austerlitz.

Le jeune prince ne tarda pas à se former aux leçons vivantes et à la pratique de son père, il prit bientôt une part prépondérante dans les affaires, dans la politique et l'administration militaire du pays.

Devenu duc d'Orléans peu de temps après, l'ex-duc de Chartres sollicita et obtint l'honneur d'un commandement dans l'armée française envoyée au secours des Belges qui venaient d'être défaits par les Hollandais et allaient subir une restauration redoutée.

Voici l'allocution que le jeune duc d'Orléans avait adressée à son régiment après l'avoir réuni en cercle sur le sol français, comme avait coutume de faire le béarnais de si glorieuse mémoire : « Le Roi mon père a résolu d'aller défendre la Belgique alliée de la France; que demain, à six heures, vous marchiez tous au secours de la Belgique. Je pars dès ce soir; camarades, nous nous retrouverons en face de l'ennemi, contre lequel vous me verrez marcher à votre tête. »

Et tout le régiment avait répondu par des acclamations aux paroles de son jeune colonel.

« Tout peuple qui combat pour la liberté et pour son indépendance est invincible, dit plus tard le jeune prince à ses soldats en se mettant à leur tête; ici donc, il faut ou vaincre ou mourir. »

Les Hollandais ne partagèrent point cette alternative, et en dispensèrent nos braves soldats par leur fuite à la vue du drapeau de la France.

La révolution de Juillet, quoique bien différente de la Révolution de 1789, n'avait pas moins porté un coup funeste à un grand nombre d'industries. Lyon surtout se sentait tirailler par les souffrances des ouvriers en soierie; le malheur et la misère en face d'une voisine opulence sont de mauvais conseillers : de ces mains qui ne pouvaient pas gagner de pain, ces malheureux prirent des armes pour en conquérir avec leur désespoir; ils écrivirent sur leur drapeaux : *Vivre en travaillant ou mourir en combattant!*

L'insurrection fut des plus terribles; des flots de

sang coulèrent dans les rues de la ville mise en état de siège; force enfin demeura à la loi; mais que de plaies profondes restaient à fermer, que de vengeances à amortir, que de ressentiments à éteindre. Grande fut la mission que le Roi confia au jeune duc. Il se rendit à Lyon accompagné du maréchal Soult, et bientôt la présence du prince vint calmer les esprits, désarmer la révolte et apaiser la faim des ouvriers.

Partout dans cette circonstance le duc d'Orléans s'était montré à la hauteur de la tâche difficile que le Roi lui avait confiée. C'est qu'il sentait dans son ame noble et pure qu'il fallait beaucoup pardonner à ces infortunés qui avaient plus souffert encore que protesté contre leurs souffrances.

Mais ce n'étaient pas là les seuls maux qui dussent fondre sur la patrie.

Après avoir franchi les Balkans, ravagé la Russie, dévasté l'Allemagne et décimé la brave armée polonaise, le choléra asiatique vint éclater comme une bombe au milieu de la capitale de la France. Des milliers de victimes avaient succombé; on ne se rendait pas compte encore de cet épouvantable fléau. Bientôt le peuple se laisse aller à la désolation et à la terreur. La crainte ne tarda pas à faire tomber plus de victimes que l'épidémie elle-même.

Il fallait le rassurer, ce peuple, et tâcher de lui prouver que ce fléau terrible n'était pas contagieux.

Qui donnera ce noble exemple? qui viendra risquer sa vie sans gloire dans les lugubres salles d'un hôpital d'où l'on extrait jusqu'à des centaines de cadavres par jour, sera-ce un homme dont la carrière bien fournie aboutit à la vieillesse? Non, ce sera, comme Bonaparte à Jaffa, un jeune homme sans peur comme sans reproche, à peine âgé de vingt-deux ans; le fils aîné du Roi des Français, celui qui doit voir se dérouler devant lui les années d'une vie longue et glorieuse. C'est d'un pas assuré, avec une physionomie calme, un cœur compatissant, qu'il parcourt l'Hôtel-Dieu, ce triste réceptacle de misère et de souffrances. De douces paroles de consolation à la bouche, il vient le front serein, s'arrêter près de chaque moribond : tâter le poulx à l'un, essayer de faire prendre une potion à l'autre, faire pénétrer dans l'ame de tous un divin rayon d'espérance, telle est la noble fonction qu'il exerce à côté de la sublime fille de Vincent-de-Paule. Oh! le touchant spectacle que celui-là! Nous voyons encore ce jeune Prince qui nous appartenait alors brillant de jeunesse, de santé et de vie, s'avancer lentement dans ces longs sépulcres, peuplés de morts et de mourants. La peste et la mort lui servent d'escorte, et s'asseieront peut-être la nuit même à son chevet; le courage et la vertu le soutiennent et l'excitent, et il ne se doute pas que sa touchante sollicitude le place ainsi plus haut que la victoire des anciens ou modernes conquérants.

Cette tournée amena les résultats les plus salutaires, et les malades reprirent à la confiance et furent plus dociles; la mortalité diminua et le fléau ne tarda pas à disparaître.

Une médaille fut frappée pour être consacrée au dévoûment civique, et offerte aux citoyens qui s'étaient signalés par leur zèle et leur humanité.

La commission municipale dévolut cette emblême du sentiment de la bonne ville de Paris au fils aîné de son Roi. Le jeune duc remercia délicatement M. de Berny, son organe, et envoya généreusement une partie de ses mérites à la commission elle-même.

Mais il ne pouvait dissimuler sa joie et sa fierté; car ses souvenirs historiques lui rappelaient un ancien roi chevalier passant un collier d'honneur au col du valeureux Eustache de Ribeaumont, et lui recommandant de le montrer et d'en tirer gloire entre dames et belles damoiselles, et cette médaille valait mieux que le collier d'Edouard III d'Angleterre.

Une première fois déjà l'armée Française, comme nous l'avons dit plus haut, avait assuré l'indépendance menacée de la Belgique; mais toutes les difficultés n'avaient point été aplanies par la victoire, et les Hollandais refusaient obstinément d'évacuer la citadelle d'Anvers dont ils étaient restés les maîtres. Ne pouvant seul les y contraindre, Léopold eut encore recours à son beau-père le roi des Français, qui fit entrer de nouveau une armée sur le territoire de la Belgique.

Le passage de la frontière eut lieu le 15 novembre 1832, et trois jours après, à la tête de l'avantgarde, le duc d'Orléans faisait son entrée à Bruxelles.

En même temps, le roi, son père, disait aux Chambres assemblées : « J'ai cru ne pouvoir plus temporiser sans compromettre la dignité et les intérêts de la France; mon pavillon flotte aux embouchures de l'Escaut; mon armée, dont la discipline et le bon esprit égalent la vaillance, débouche en ce moment sur les murs d'Anvers; mes deux fils aînés sont dans ses rangs. »

On fut bientôt aux prises devant Anvers; ce fut une lutte des plus meurtrières. L'art de l'attaque et de la défense des places, poussé si loin aujourd'hui, ne fit que rendre les efforts plus généreux. Le général Chassé avait d'ailleurs juré de vaincre ou de s'ensevelir sous les ruines de ses remparts.

Le prince royal arrivait auprès de nos blessés, compatissait à leurs souffrances, relevait le moral abattu, promettait meilleure chance d'avenir au courage malheureux; on le voyait partout, dans les ambulances, sur la brèche, auprès des affûts de nos artilleurs qu'il exhortait sur les parapets, exposé à tout le feu de la place.

Anvers se défendait comme Sarragosse, mais comme Sarragosse Anvers devait être à nous, et Lannes revit dans la gloire du maréchal Gérard.

En effet, le siège avait commencé avec vigueur, et le 17 décembre l'attaque et la prise de la Lunette Saint-Laurent faisait dire à notre jeune prince comme à Napoléon devant Toulon : « *La ville est à nous.* » Le 24 le général Chassé signait la capitulation et la paix.

Ce fut la première victoire des soldats de Juillet, qui se montrèrent dignes du drapeaux d'Arcole. Comme Alger, Anvers était tombé devant l'Europe indécise qui assistait à sa reddition sans croire encore à l'attaque.

Les vieux officiers classent ce siège parmi les plus beaux faits d'armes des temps modernes.

Ce fut là, comme Bayard, que le jeune duc d'Orléans gagna ses éperons au milieu d'une grêle de boulets et de balles.

A 22 ans à peine, il avait déployé l'intrépidité, le sang-froid et l'habileté militaire d'un vieux général aguerri au feu de cent batailles.

La providence l'avait épargné. Ah! pourquoi la mort ne trancha-t-elle pas plutôt alors des jours si chers par l'éclat d'un obus, qui aurait au moins recommandé ce jeune Turenne à la postérité et aux consolations d'une mère éplorée; car ni Marie-Amélie ni le roi ne peuvent adopter le vulgaire souvenir de l'agonie de Sablonville.

Encore un dernier trait : « Qu'ai-je besoin de vous recommander les soins à donner aux blessés, écrivait le maréchal Soult, ministre de la guerre, au maréchal Gérard, commandant au camp devant Anvers, je sais que le duc d'Orléans leur consacre son auguste sollicitude. »

Et cette justice est rendue au prince par une de nos vieilles gloires, par un vieux soldat mutilé qui devra plus tard déplorer sa mort prématurée et suivre son funèbre cortége sur le chemin de la Révolte.

Cette fois, tout était obtenu en Belgique par la reddition d'Anvers, et nous n'eûmes plus depuis à nous mêler des affaires de ce pays; si ce n'est que peu de temps après, l'envoyé plénipotentiaire du Roi des Belges déposait, aux pieds de Louis-Philippe, les remerciments de la Belgique, et faisait en même temps hommage de sa délivrance à ses deux fils les libérateurs du peuple.

Au mois de mai 1833, le Prince fit un voyage à Londres. Des salves d'artillerie annoncèrent son arrivée de l'autre côté du détroit, et les honneurs qu'on lui prodigua, prouvèrent l'estime qu'il inspirait et la confiance qu'on avait dans la haute capacité gouvernementale de son père.

Absent de Paris, sa sollicitude trouva encore le moyen d'encourager plus que jamais l'amour-propre et le talent de nos artistes : plusieurs commandes de tableaux leur furent adressées pour faire à Londres les honneurs de la France et de ses célébrités.

Appréciateur de l'éducation publique, qu'il avait puisée dans les collèges, il aimait à protéger les salles d'asiles, les écoles mutuelles, les études universitaires, et l'on sait qu'il offrit 10,000 fr. à la propagation du Bulletin universel.

Les tourmentes politiques, les émeutes de la voie publique le virent toujours monter à cheval et arriver un des premiers au-devant des périls du Roi. L'on se souvient du danger que S. A. R. courut le 6 juin 1832.

Au moment où les Princes traversaient la rue St-Martin, plusieurs coups de feu furent dirigés contre leurs personnes du troisième étage d'une maison occupée par les anarchistes. Une balle, passant entre S. A. R. et l'un de ses aides-de-camp, alla percer le shako d'un soldat qui marchait à leur côté, tandis qu'une grosse pierre, lancée de la même fenêtre venait également rebondir aux pieds du prince.

Ici je ne dois pas laisser en oubli le judicieux éloge qui revient à notre héros.

Un personnage qui se connaît en bravoure, un homme vénérable qui a eu le bonheur d'accompagner le duc d'Orléans depuis sa plus tendre enfance, nous disait ces jours derniers : « L'affection de ce prince pour toute sa famille tenait de l'idolâtrie ; sa soumission aux volontés de son père dont il connaissait d'ailleurs la haute raison, était telle que, dans nos derniers troubles civils, si le Roi eût ordonné au duc d'Orléans d'aller attaquer seul cinq cents rebelles retranchés derrière une barricade, il eût obéi sans se permettre la moindre observation. — Il a fait plus, ajoutait le bon vieillard, sur l'ordre de son père, il s'est abstenu d'y aller.

L'insurrection apaisée, il ne s'occupait plus que d'en réparer les effets désastreux par des secours. Le 8 mai 1834 il fit porter à M. le Maréchal Soult, président du conseil, une somme de 10,000 fr. destinée à secourir les blessés de ces jours de deuil.

Le duc d'Orléans était par-dessus tout impartial. Un jour M. Blanqui, lors de sa mission en Afrique, lui confessait qu'il serait obligé de jeter dans son rapport un blâme sévère sur la triste position des soldats en ce pays. « Faites, Monsieur, lui répondit S. A. R. : *le soldat doit savoir souffrir et se taire; c'est à l'habit noir de parler.* »

Un an s'était à peine écoulé depuis Anvers, et le sang de nos braves tombés à la défaite de la Macta réclamait vengeance !

L'expédition de Mascara se prépare en Algérie. Le jeune prince accourt y réclamer sa part de dangers et de gloire.

Le 10 novembre 1835, S. A. R. débarqua dans le port d'Alger. Elle y était impatiemment attendue, et l'on s'était réjoui quand les trois coups de canon avaient annoncé en rade l'approche de son bâtiment.

On avait amené un superbe cheval indigène, bridé et sellé à la manière arabe, couvert d'une housse en soie, brochée d'or et d'argent, qui lui tombait sur les jarrets, semblable à celle qui couvrait d'habitude la cavale du Dey. C'est sur ce brillant palefroi que le Prince fit son entrée; la grâce et l'aisance avec lesquelles il le maniait auraient fait honneur au cavalier le plus habitué à la selle arabe, ainsi que le remarquaient les Algériens.

Avant de traverser l'arc-de-triomphe élevé à la porte de la Marine, S. A. R. avait rencontré sur son passage le brave Lamoricière et ses Zouaves dont il avait pu admirer l'air martial autant que la pittoresque étrangeté de leur costume qui rehaussait le tout, hommes et allures.

Il répondit à tous les discours et compliments avec une facilité, un à-propos et une bonté remarquables. Ses premiers soins furent pour les officiers et soldats malades dans les ambulances des derniers combats.

La visite que S. A. R. fit au camp de Bouffarick amena une particularité assez étrange.

Ne pouvant plus endurer les mauvais traitements

de ses maitres, une jeune négresse s'était réfugiée dans le camp peu de jours avant l'arrivée du Prince. On ne pouvait l'en déloger, car elle suppliait les soldats de l'arracher aux rigueurs du Maure à qui elle appartenait.

Au moment de l'arrivée du Duc au camp, la négresse vint au-devant de lui se jeter à ses genoux, et d'autre part arrivait le maître pour revendiquer sa propriété d'esclave. Indemniser le Maure avide; faire le bien comme Titus, en rendant l'esclave à la liberté, sans attenter à un droit de propriété reconnu dans le pays; promettre une dot à un époux de bonne volonté; arrêter l'hymenée avec un nègre de parfaite conduite, maréchal-des-logis dans les Spahis, et renvoyer deux heureux au lieu d'un pour consommer le bonheur de leur union à la grande mosquée d'Alger : telle fut alors la bien venue de S. A. R. au milieu de nos soldats.

Cette action et beaucoup d'autres montrèrent ce qu'il y avait de bonté intelligente dans son noble cœur, et le rendirent cher à la population indigène, qui ne savait ce qu'elle devait le plus admirer en lui, de sa bonne mine, sa taille imposante, son air martial, la grâce avec laquelle il montait un cheval, ou le ton ferme avec lequel il commandait aux manœuvres, tous avantages que les Orientaux estiment beaucoup plus que nous.

Cependant le Prince avait compté sans un ennemi

plus redoutable qu'Abdel-Kader dans ces climats brûlants, et au moment où il donnait à l'armée, à notre pays de nouvelles preuves de son courage dans les fatigues du désert, une maladie cruelle mit ses jours en danger et le força à reprendre la route de France.

En 1836, les bruits les plus compromettants étaient répandus sur les dispositions hostiles ou malveillantes de diverses Cours du nord envers le cabinet des Tuileries.

Le duc d'Orléans se mit alors en voyage pour l'Allemagne. Il en visita toutes les cours, et partout on fut charmé de l'étendue de ses connaissances et de la distinction de ses manières. Il dut remercier spécialement le roi de Prusse de sa bienveillance. Ce fut auprès de lui que le Prince royal eut occasion de voir la duchesse de Mecklembourg, sœur du Duc régnant. Les vertus, le caractère doux de la princesse Hélène, la conformité d'humeur et de nombreuses sympathies donnèrent naissance aux plus doux sentiments, et réalisèrent les projets du Monarque français.

Une alliance proposée et acceptée nous amenait l'an d'après une française de plus, l'épouse de l'héritier présomptif du trône de France.

La capitale donna à cette occasion des fêtes brillantes; ce mariage réjouissait tout les bons citoyens qui n'y voyaient qu'un nouveau gage de sécurité pour l'avenir; mais au milieu des joies publiques, on eut à déplorer tout-à-coup un horrible évènement pour le peuple; épisode avant-coureur de la terrible catastrophe du 13. Autrefois nos pères virent aussi, à l'avènement de la brillante Marie-Antoinette sur le trône de Louis XVI, s'abîmer des centaines d'infortunés citoyens sous les décombres de cette même place où devait se dresser plus tard un échafaud sanglant pour elle et son auguste époux.

Un feu d'artifice dont on attendait des merveilles devait être tiré en face de l'Ecole militaire, sur l'amphithéâtre de l'emplacement destiné au palais du roi de Rome, sur les hauteurs de Chaillot.

Une affluence innombrable de peuple s'était portée au Champ-de-Mars pour être témoin de ce spectacle. Quand toute cette foule compacte se remit en mouvement pour regagner ses foyers, soit que toutes les précautions d'usage n'eussent pas été prises, soit que la malveillance eût comploté de saisir cette occasion pour jeter la perturbation et le deuil parmi le peuple; les masses aboutirent d'abord et à la fois si serrées aux diverses grilles de sortie du Champ-de-Mars, que bientôt il fut impossible de faire un pas; on respirait à peine, lorsque le cri fatal de *sauve qui peut,* vint inspirer une panique générale; des lamentations déchirantes s'élèvent de tous côtés : hommes, femmes, enfants sont foulés aux pieds, écrasés, broyés entre ces murailles mouvantes qui se précipitaient les unes contre les autres comme un flux et reflux; puis les journaux du lendemain annoncent que plus de vingt cadavres ont été relevés gisant sur la place. Paris était consterné; la France fit écho à sa douleur : comme dans la catastrophe récente de Bellevue, chaque province y avait perdu quelqu'un de ses nobles enfants.

La princesse Héléne fut profondément affligée de ce malheur et d'un si funeste présage. Elle se rappela le sort de son aïeule.

Le duc d'Orléans, au désespoir, s'occupa sur-le-champ de le conjurer et de réparer tout ce qui pouvait être réparé. Les autorités municipales venaient recevoir ses ordres pour un magnique bal qui devait être donné le lendemain.

« Messieurs, dit le duc, ni la duchesse ni moi ne saurions prendre part à des divertissements au moment où tant de familles sont en deuil à cause de nous. Il n'y aura point de bal, je vous prie. »

Par l'ordre du prince, on prodigua aux blessés toute espèce de secours; les veuves et les orphelins de la veille reçurent des pensions. Ce ne fut pas tout : sur le million de rentes que les chambres lui avaient accordé à l'occasion de son mariage, le prince songea tout d'abord à faire la bonne part du peuple malheureux et il donna immédiatement

160,000 fr. pour des distributions de livrets de la caisse d'épargne aux enfants qui se seraient le plus distingués dans les écoles de toutes les principales villes du royaume; diverses libéralités sagement conçues et exécutées absorbèrent encore le chiffre de 300,000 fr., et enfin 50 autres mille francs furent par lui consacrés à procurer du travail aux ouvriers de Lyon dont l'affreux dénuement contristait son cœur.

Nous voici arrivés aux plus heureux jours de la vie de ce prince. Quoi de plus paternel, de plus conjugal, de plus suave que l'intérieur de cette jeune famille sur laquelle reposent les destinées de la France!

Bientôt pourtant le duc d'Orléans saura s'arracher encore aux douceurs de la vie de famille.

Le maréchal Vallée va franchir le Biban et explorer la grande communication qui doit renouer Alger à Constantine. Le duc arrive le 27 ocobre 1839, pour prendre part à cette expédition qui sera pour lui la dernière.

D'autres ne manqueront pas de célébrer les hauts faits des Changarnier, des Lamoricière, des Duvivier, des d'Aumale, des d'Orléans, compagnons de la même gloire!

Ici abstenons-nous: nous n'avons voulu que mettre en lumière les actes modestes de la vie du Prince Royal.

Parlerai-je des occupations sérieuses, des utiles voyages du Prince Royal à son retour en France? ses loisirs sont pour l'inspection des écoles militaires; il crée, il organise lui-même ces dix bataillons de tirailleurs qui se rendent bientôt si redoutables que l'Arabe les surnomme : *Les enfants de la mort.*

Le premier, il souscrit pour l'érection de la statue de Kléber.

Dirai-je ses encouragements à l'industrie, sa sollicitude surtout pour l'amélioration de nos races chevalines?

Ici vient encore se placer tout naturellement une anecdote charmante.

Dans une course de chevaux au Champ-de-Mars, un enfant de dix ans, de sa voix enfantine, provoquait vainement ses voisins à parier contre lui dans la tribune de S. A. R.

Tout-à-coup le prince lui tend la main : « *Quel est votre enjeu, mon jeune ami? — Tout ce que vous voudrez, Monseigneur*, répond l'enfant en agitant sa petite bourse. — *Eh bien, je parie un cheval arabe contre une belle page de votre écriture.* » L'enfant gagna et vit piaffer le lendemain dans sa cour un magnifique Bucéphale, à la crinière et aux allures africaines.

Les attentions délicates étaient naturelles chez M. le duc d'Orléans; jamais il ne manqua à ses promesses. Dans son voyage à Londres, le postillon de volée qui le conduisait s'étant laissé cheoir de son cheval, le prince ne s'éloigna qu'après avoir recommandé sa jambe cassée au chirurgien et fait remettre cent louis à sa nombreuse famille par le comte Abermale.

Qui ne se souvient de la tournée triomphale de LL. AA. RR. dans l'intérieur de la France ?

D'Orléans n'est plus!..... et longtemps encore les remparts d'Anvers foudroyés, les portes de fer de l'Atlas, le col du Téniah, l'Emir de l'Afrique lui-même, diront étonnés qu'il échappa aux projectiles de la bombe sous le soleil brûlant du désert; qu'il croisa le fer contre le fil acéré du yatagan; qu'il força des défilés formidables par la nature et par vingt redoutes derrière lesquelles s'étaient retranchés six mille barbares de l'Afrique avec du canon, pour venir verser tout son sang sur la vile poussière d'une grande route de France, où frères, sœurs, mère, roi, ne pourront hélas, par toute leur puissance, le rappeler à leur amour, ni arracher vivante cette proie de Dieu disputée au grabat d'un obscur commerçant de village!!!

Pour nous qui avons été les témoins consternés de la catastrophe, ne cessons pas de la déplorer; pleurons la victime dans le deuil et les regrets.

Quoi de plus triste qu'un prince qui meurt avant le temps et qui laisse des enfants orphelins! une jeune veuve! une mère! Oh! nous savons aussi qu'à côté de l'épouse il y a une mère aux Tuileries : près d'un vieillard, de cet auguste vieillard dont on a dit qu'il avait *le cœur d'un père et la tête d'un roi.*

Oui la Reine, cette autre *Mère des Douleurs*, qui a vécu (si l'on peut appeler cela *vivre !*) entre l'image de son mari assassiné et le spectacle trop réel de ses enfants morts; — la Reine, cette chrétienne qui a vidé le calice jusqu'à la lie, mais à laquelle personne n'a osé jeter l'injure, tant sa sublime vertu commande le respect de tous ; qui peut mesurer les souffrances de la Reine?

La famille d'Orléans semble s'être assise sur le trône pour vérifier cette grande et biblique parole : « *On a vu des reines pleurer comme de simples femmes, et l'on s'est étonné de la quantité de larmes que contiennent les yeux des Rois.* »

— La maison où M. le duc d'Orléans a été transporté après sa chute, et où il est mort, a été achetée hier par la liste civile au prix de 110,000 fr.

Un journal publie une description de cette maison par un témoin oculaire. L'intérêt douloureux qui se rattache au funeste évènement du 13 juillet nous porte à la reproduire, d'autant plus que la lettre qui la contient révèle quelques particularités demeurées jusqu'à présent inconnues.

Laissons parler l'auteur de cette lettre :

« Je suis du petit nombre des visiteurs qui ont été admis le 14, à dix heures du soir, dans la chambre où le duc d'Orléans a rendu le dernier soupir; et c'est de la bouche des vieillards locataires et propriétaires de la maison que je tiens ce que je vais rapporter.

Ce n'est point en face du n° 4, mais à cinquante pas plus loin, presque à l'angle du chemin de la Révolte et de la route du Palais de Neuilly, que l'accident est arrivé. Il n'y avait dans ce moment personne sur la voie publique, mais M. Lecordier avait vu la calèche passer avec une éblouissante rapidité, et, dans la prévision d'un malheur, il était sorti sur la chaussée.

C'est lui qui a relevé le Prince, et qui, aidé par trois ouvriers, l'a transporté dans sa demeure, quoiqu'il y ait en face, et tout près, des habitations de belle apparence. La question de savoir où l'on se dirigerait n'a pas été un instant soulevée, on n'a parlé ni de lord Seymour ni des Anglais : M. Lecordier a naturellement pensé à porter chez lui le mourant. Il nous a affirmé qu'il ne connaissait pas le Prince, que ce n'est qu'à l'entrée de la boutique que deux gendarmes accourus se sont écriés : c'est le duc d'Orléans !

A Dieu ne plaise que mes paroles puissent blesser quelqu'un, mais je ne saurais résister au désir de décrire ces misérables lieux témoins d'une si cruelle fin.

La maison, élevée d'un seul étage, a, sur la route, une façade peinte en rouge, comme la plupart de celles où l'on vend du vin.

La première pièce sert de boutique; quelques tiroirs, des paquets de drogues au-dessus d'un pauvre comptoir qui resserre le passage : voilà l'ameublement, c'est la partie réservée à l'épicerie.

Une petite porte pleine conduit à une arrière-boutique, c'est là qu'est mort le prince royal de France.

Une table couverte de toile cirée pour les buveurs, deux chaises, un petit poêle en faïence avec un tuyau en zig-zag au milieu, quelques vases de cuisine sur une large cheminée en pierre dénoircie, remplie par un fourneau, où les époux Lecordier font habituellement leur cuisine : telle est la composition de cette chambre de douze pieds carrés.

C'est entre le poêle et le mur du fond, sur deux matelas (sans bois de lit) descendus à la hâte, que l'illustre blessé a été déposé, la tête près du fourneau, les pieds près d'une seconde porte qui donne sur un escalier. Et tout cela éclairé par une croisée délabrée, dont la partie inférieure seule se lève à coulisses, sur une cour où un fumier fétide couvre ou peut-être remplace le pavé.

B.

www.ingramcontent.com/pod-product-compliance
Lightning Source LLC
LaVergne TN
LVHW021001090426
835512LV00009B/1995